dtv
premium

Adrian Geiges · Marc Goergen · Bettina Sengling

China

Die Geschichte der neuen Weltmacht vom ersten Kaiser bis zur Gegenwart

Deutscher Taschenbuch Verlag

Ebenfalls im Deutschen Taschenbuch Verlag erschienen:
Teja Fiedler/ Marc Goergen, Die Geschichte der Deutschen.
Von den Germanen bis zum Mauerfall (*stern*/dtv 24674)

Originalausgabe
Mai 2009
Deutscher Taschenbuch Verlag GmbH & Co. KG, München
www.dtv.de

Umschlagkonzept: Balk & Brumshagen
Umschlaggestaltung unter Verwendung von Fotos von jupiterimages, Corbis und ullstein bild
Layout: Susanne Bremer und Andreas Fischer
Satz: Firmengruppe APPL, aprinta druck, Wemding
Druck und Bindung: Firmengruppe APPL, aprinta druck, Wemding
Gedruckt auf säurefreiem, chlorfrei gebleichtem Papier
Printed in Germany · ISBN 978-3-423-24741-2

Inhalt

SCHUTZWALL GEGEN DIE BARBAREN

Noch heute gilt die Chinesische Mauer als längstes Bauwerk der Welt. Sie schlängelt sich auf etwa 6700 Kilometern über Berg und Tal, unterbrochen von Wachtürmen. Der am besten erhaltene Teil liegt 70 Kilometer nordwestlich von Peking. Erste Schutzwälle entstanden bereits im 5. Jh. v. Chr.

Magisch und monströs

Es ist ein Land der Extreme. Nirgendwo gibt es so viele Millionenstädte, nirgendwo so viele Mobiltelefone, nirgendwo wächst die Zahl der Autos so rasant. Nirgendwo werden so viele Menschen hingerichtet. China ist uns immer fremd geblieben – und hat uns doch fasziniert.

Schon immer hat China die Deutschen ebenso fasziniert wie verschreckt. Schwärmte der Philosoph Gottfried Wilhelm Leibniz 1697 davon, „wie sinnreich bei den Chinesen" alles „auf den öffentlichen Frieden hin" ausgerichtet sei, warnte sein Kollege Johann Gottfried Herder 80 Jahre später vor den Chinesen als einem „abergläubigen Pöbel, ... (dessen) Sittenlehre den freien Fortgang des Geists auf immer hemmt".

Und wohl niemand hat über lange Zeit das Bild der Deutschen vom Reich der Mitte so sehr geprägt wie Kaiser Wilhelm II., als er die „Gelbe Gefahr" beschwor und 1900 in seiner berühmten „Hunnenrede" angesichts der Ermordung des deutschen Gesandten von Ketteler über die Herrscher in Peking sagte: „Die Chinesen haben das Völkerrecht umgeworfen, den Pflichten des Gastrechts Hohn gesprochen. Das ist umso empörender, als dies Verbrechen begangen worden ist von einer Nation, die auf ihre uralte Kultur stolz ist."

Tatsächlich scheint keine Kultur so geeignet wie die chinesische, um bei ihrer Betrachtung zwischen Anbetung und Abscheu zu schwanken: am anderen Ende der Welt gelegen, fremd, grandios in ihren Erfindungen, grausam im Umgang mit Freund wie Feind. Selbst Mao Zedong, dem Gründer der Volksrepublik China, erschien sein Volk als „großes weißes Blatt Papier", das man nach Gutdünken „mit den schönsten Schriftzeichen vollmalen" könne. Und angesichts von Aufständen wie in Tibet 2008 fragen sich Fernsehzuschauer wie Zeitungsleser wieder einmal, ob das Land im Fernen Osten vor allem eine Art Viagra der Weltwirtschaft ist oder doch eher der Welt größter Meuchler jeglicher Menschenrechte.

CHINA WAR VON JEHER EIN LAND DER SUPERLATIVE. Im Jahr 1820 erwirtschaftete das Reich der Mitte ein Drittel des Weltbruttosozialprodukts. Schon 700 Jahre vor Gutenberg druckten die Chinesen Bücher. 1300 Jahre vor den Europäern stellten sie Stahl her. Sie erfanden das Papier, das Porzellan, den Magnetkompass und das Schwarzpulver. Sie wuschen sich mit Seife und heißem Wasser, als die Barbaren im Westen noch lange vor sich hin stanken.

Im Geschichtsunterricht hören wir von Griechen und Römern, von Franzosen und Engländern, von den Chinesen dagegen so gut wie nichts. Das sagt viel aus über unsere Ignoranz. Im Jahr 1275, als Marco Polo in Peking eintraf, lebten dort immerhin 1,2 Millionen Menschen, während es in seiner Heimat Venedig, zu jener Zeit die zweitgrößte Stadt Europas, gerade mal 100 000 waren. Und glaubt man Marco Polo, so staunte er damals nicht nur über die 100 000 Pferde, die Fürsten dem Kaiser zum Geburtstag schenkten, sondern auch über 25 000 Huren, die außerhalb des Palastes ihre Dienste anboten. Das alte China war weltoffen. Schon im siebten Jahrhundert gaben die Kaiser in der damaligen Hauptstadt Chang'an buddhistischen Mönchen Bauplätze für ihre Tempel, wanderten Händler, Pilger, Religionen und Ideen auf der Seidenstraße zwischen Ost und West.

Tatsächlich ist Chinas Aufstieg zu Beginn des 21. Jahrhunderts nicht überraschend. Bemerkenswert ist er trotzdem. Innerhalb von zwölf Jahren hat die Volksrepublik ihr Bruttoinlandsprodukt verdoppelt – die USA brauchten dazu 40 Jahre. Das Land produziert inzwischen mehr als die Hälfte aller auf der Welt verkauften Kameras und ein Viertel aller Kühlschränke. Schon jetzt verbraucht es mehr Aluminium, Kohle und Weizen als jeder andere Staat. 460 Millionen Mobiltelefone sind im Gebrauch – mehr als sonst wo auf der Erde. Und mit Zuwachsraten von fast 20 Prozent ist es nur eine Frage der Zeit, wann auf dem zweitgrößten Automarkt der Welt die meisten Fahrzeuge abgesetzt werden. Denn obwohl zurzeit nur etwa vier Prozent der Chinesen genug Geld verdienen, um sich überhaupt ein Auto leisten zu können, werden es in zwei Jahren schätzungsweise 13 Prozent sein – das sind 170 Millionen potenzielle Käufer. Wissenschaftler sehen China 2040 als Wirtschaftsmacht Nummer eins auf diesem Planeten.

DABEI ERINNERT SICH DAS LAND all der Helden aus früheren Zeiten. Immer und überall lernen die Chinesen: In den vergangenen Jahrhunderten haben ausländische Mächte uns gedemütigt. Die Briten betäubten uns mit Opium und begannen 1840 einen Krieg. Die Japaner ermordeten 1937 in der damaligen Hauptstadt Nanjing mehr als 200 000 Männer, Frauen und Kinder. Das darf nie wieder passieren.

So besinnt man sich auf den ersten Kaiser, der sich noch im Tod von Tausenden Kriegern aus Terrakotta bewachen ließ. Auf den Herrscher Xuanzong, der schon Mitte des achten Jahrhunderts in einer prachtvollen Hauptstadt mit einer Million Einwohnern residierte, wo sich die Elite mit Polo und einer Art Fußball vergnügte. Oder auch auf den Eunuchen Zheng He (1371-1434), den Admiral des Kaisers. Verglichen mit ihm war Kolumbus ein Hobbysegler. Zheng He befehligte zeitweilig

27 870 Seeleute auf 317 Schiffen, unternahm sieben Expeditionen nach Südostasien, Indien, Afrika und Arabien. Astronomen und Meteorologen begleiteten ihn. Kolumbus hingegen hatte gerade mal 90 Mann auf seinen drei Nussschalen.

Glaubt man der Propaganda, hat Chinas letzter Aufbruch aus der selbst gewählten Isolation vor 30 Jahren begonnen. Damals setzte Deng Xiaoping, der kleine, mächtige Mann nach Mao, seine Politik der Reform und Öffnung in Gang. Doch diese Öffnung ist in Wahrheit bis heute halbherzig geblieben. Denn die Pekinger Führer wollen zwar moderne Technologie, aber keine moderne Gesellschaft.

Bereits 1215 unterschrieb König Johann von England die Magna Carta, wonach niemand ohne Gerichtsurteil ins Gefängnis gesperrt werden darf. In China gilt 800 Jahre später solches Recht immer noch nicht. Die Französische Revolution erkämpfte 1789 gleiches Stimmrecht für die Menschen aller Stände. In China stellt sich die Frage nach gleichem oder ungleichem Stimmrecht bis heute nicht – es gibt gar keine allgemeinen Wahlen, nicht einmal gefälschte Schein-Urnengänge wie in der DDR oder der Sowjetunion. Eine zentralistische Kaderpartei führt die Volksrepublik, die Funktionäre werden de facto von oben ernannt, wie die Mandarine, die hohen Beamten zu Kaisers Zeiten. Chinas Führer geben vor, für das chinesische Volk zu sprechen – doch sie sind durch nichts legitimiert. Entsprechend Maos Losung „Die politische Macht kommt aus den Gewehrläufen" schossen sie sich 1949 an die Macht.

MAO ZEDONG HATTE CHINA nach Jahrzehnten der Wirren und des Bürgerkriegs geeint und war mit Härte gegen feudale Traditionen und Privilegien vorgegangen. Doch ausgerechnet das turbokapitalistische Hongkong, bis 1997 Kolonie Großbritanniens, ist heute Vorbild für das ganze Reich. Als die Kommunisten 1949 siegten, ekelte sich die aus Shanghai fliehende High Society vor Hongkong – da gebe es nicht einmal anständige Restaurants und Geschäfte. Heute ist die Stadt das Shopping-Paradies für die armen Verwandten vom Festland.

Da die Kommunisten die marxistische Ideologie inzwischen aufge-

DIE ARMEE DER JA-SAGER

Der Nationale Volkskongress ist zu seiner jährlichen Versammlung in der Großen Halle des Volkes in Peking zusammengetreten. Die 3000 Mitglieder werden auf fünf Jahre berufen – ohne Wahlen. Und nicken meist ab, was die Parteichefs verlangen.

geben haben, predigt die Partei stattdessen den Nationalismus. Sie gibt sich als Vollstreckerin der Geschichte, die das Reich der Mitte zu alter Größe führt. Vor Maos Revolution sagten chinesische Historiker, das Land sei 3000 Jahre alt. Das klang seinen Nachfolgern nicht gigantisch genug. In den 90er Jahren beschloss eine Regierungskommission „Chinas 5000-jährige Geschichte", eine Behauptung, die seither ständig wiederholt wird. Belege dafür gibt es keine.

Regelmäßig strahlt das chinesische Fernsehen Videoclips aus, in denen Bilder von Mao Zedong, Deng Xiaoping, Jiang Zemin und dem jetzigen Staats- und Parteichef Hu Jintao hintereinandergeschnitten sind. Das soll den Eindruck erwecken, diese Führer stünden in einer Tradition. Doch Mao schaffte das Privateigentum ab und zwang Millionen Bauern in Volkskommunen, während seine Nachfolger das Land kapitalistischer machten als Deutschland. Fast die Hälfte der Parteivorsitzenden nach 1949 wird in der Ahnenfolge unterschlagen: darunter Zhao

Ziyang, der 1989 Verständnis zeigte für die protestierenden Studenten auf dem Platz des Himmlischen Friedens. Sie alle haben in der offiziellen Geschichtsschreibung nichts mehr zu suchen. Noch heute darf man nicht über das Massaker von Tiananmen reden. Und über Maos „großen Sprung nach vorn“, eine desaströse Reform von Landwirtschaft und Industrie, bei der zwischen 1958 und 1962 weit mehr als 20 Millionen Menschen starben, sind erst seit kurzem kritische Bemerkungen möglich.

DIE „GROSSE PROLETARISCHE KULTURREVOLUTION“ von 1966 bis 1976 wird in den Medien kaum erwähnt, denn viele der Mörder von damals sind heute politische Führer oder erfolgreiche Geschäftsleute. Und ebenso tabu ist, woran die Unruhen in Tibet die Welt einmal mehr erinnerten: China ist kein einheitliches Gebilde, sondern ein Vielvölkerstaat aus 56 Nationalitäten. Zwar wird die Vielfalt in populären Schlagern besungen, und im Fernsehen treten Ethnien in ihren traditionellen Trachten auf. Aber immer wird verschwiegen, dass es zwischen den Han-Chinesen, die 90 Prozent der Bevölkerung stellen und das Land regieren, und den diversen Minderheiten irgendwelche Konflikte gibt.

Bis heute wird das Wissen von oben kanalisiert, der Einzelne ist dem Staat und seinen Behörden oft ausgeliefert. Zugleich wächst der Gegensatz zwischen Stadt und Land, zwischen Arm und Reich und damit das Konfliktpotenzial im Riesenreich. Mit Lügen und Repression aber lässt sich keine moderne Gesellschaft aufbauen. Das World Wide Web illustriert das Dilemma.

2008 überholte China die USA als Land mit den meisten Internetnutzern. Die Volksrepublik braucht das Netz, um wirtschaftlich voranzukommen. Gleichzeitig blockt Peking Websites, die sich mit Menschenrechten oder Tibet beschäftigen, und versucht regierungskritische Kommentare in Blogs und Foren zu löschen. Das gelingt nur zum Teil. So herrscht im Internet deutlich mehr Freiraum als in Zeitungen oder im Fernsehen.

Manche China-Experten in Europa wie den USA behaupten, das Land und seine Menschen seien noch nicht reif für Freiheit und Demokratie. Die einen sagen das, weil sie mehr an den Möglichkeiten des Marktes als an einer Umverteilung der Macht interessiert sind. Die anderen aus einer Art Neorassismus. Dabei erlebte China bereits 1911 eine demokratische Revolution unter Führung von Sun Yat-sen. Er sah China durch die Herrschaft der Qing-Dynastie gefesselt und wollte eine vom Volk gewählte Regierung statt des Kaisers Puyi, der am Ende seiner Regentschaft sechs Jahre alt war.

Heute sind es die kommunistischen Kader, die Chinas Entwicklung hemmen. Statt den Wohlstand der von ihnen beschworenen Massen zu fördern, bereichern sie sich selbst, kassieren wie eine Mafia beim Boom ab, ohne etwas dafür zu leisten. Dabei hat China dank seiner engagierten und geschäftstüchtigen Menschen das Potenzial, eine politische, wirtschaftliche und kulturelle Macht zu werden, die weltweit bewundert wird. Vorher müsste allerdings die Partei abdanken – wie 1912 der letzte Kaiser.

EINE REISE ZWISCHEN BLAUEN BERGEN

Fußvolk und Reiter begleiten den Kaiser in seiner Sänfte – so illustriert eine Seidenmalerei aus dem 17. Jahrhundert die Geschichte der Qin-Dynastie.

Ein Reich entsteht

Qin Shi Huangdi, dem Sohn einer Konkubine, gelingt es im Jahr 221 vor Christus, mehrere verfeindete Länder in Ostasien unter seine Herrschaft zu zwingen und zu einem Großreich zu einen. Er schafft neue Weltwunder: die Große Mauer und die Terrakotta-Armee. Auf die Qin-Dynastie geht die Geschichte des heutigen Staates zurück und auch sein Name: China.

Mit einer List

Es ist eine merkwürdige Karawane, die aus dem Norden des chinesischen Reiches in die alte Hauptstadt Xianyang rumpelt: Kostbare Kutschen, mit Gold und Bronze beschlagen, quälen sich durch die sommerliche Hitze über die Hügel des zentralchinesischen Berglandes den Fluss Jangtse entlang. Hunderte Soldaten flankieren den Tross. Niemand darf den mächtigen Reisenden sehen. Nur durch winzige Fenster dringt frische Luft, als sei der erste Kaiser von China ein Gott oder aber ein Gefangener.

Das Merkwürdigste aber ist der Geruch. Über den Kutschen und den Hofbeamten in ihren seidenen Gewändern liegt eine Wolke von Abfall und Tod. Einige der Wagen ziehen Karren mit Fisch hinter sich her, der in der Hitze langsam verfault.

QIN SHI HUANGDI, DER ERSTE KAISER, HERRSCHTE WIE EIN GOTT. „Der Erhabene hat die Welt geeint, und er weist jedem Wesen seinen Platz zu", kündeten Steinstelen, die er in seinem Land aufstellen ließ. Seine Untertanen fürchteten ihn: „Er hat das Herz eines Tigers und wird jeden, ohne zu zögern, bei lebendigem Leibe fressen", schrieb ein Zeitgenosse voller Ehrfurcht und Angst.

Das Herz des Tigers schlägt während der Reise nicht mehr: Im Hochsommer des Jahres 210 v. Chr. liegt der Herrscher tot in seiner goldenen Kutsche. Nur wenige Vertraute wissen davon. Li Si, der kaiserliche Kanzler, lässt den Leichnam im Luxustross heimlich in die Hauptstadt karren – er will die Nachfolge in seinem Sinne regeln. Nicht der erste Sohn des Kaisers soll den Thron erben, sondern der jüngste. Und bis der Kanzler den Prinzen in Stellung bringen kann, muss Fischgestank den Leichengeruch verbergen. Als Qin Shi Huangdi endlich begraben wird, in einer der größten, berühmtesten und wunderbarsten Grabanlagen der Geschichte, ist sein Körper in der Sommerhitze schon zwei Monate lang verwest.

DER GOTTGLEICHE MIT KESSEM KÄPPI

Historienmaler zeigen den ersten Kaiser oft mit Perlenschnüren am Hut. Gemäß der daoistischen Idee, der Herrscher solle nicht zu viele Details sehen, damit er den Überblick nicht verliert.

Der Vater schickt

BUNTES TREIBEN BEI HOFE

In der naiven Darstellung des 17. Jahrhunderts residiert Kaiser Wudi aus der Han-Dynastie inmitten anmutiger Gärten, stets umgeben von schönen Frauen.

Der Abgang ist dem ersten Kaiser von China gründlich misslungen. Doch in seiner Regentschaft gelingt ihm mehr als jedem anderen chinesischen Herrscher vor ihm. Er schafft einen Beamtenstaat – die heutige Einteilung in Provinzen und Landkreise ähnelt den Präfekturen des damaligen Reiches noch immer. Er lässt Kunstwerke schaffen, die jedes Kind kennt: die Große Mauer und die Terrakotta-Armee mit ihren mehr als 7000 Tonkriegern, die den Herrscher im Tod beschützen sollen. Qin Shi Huangdi einigt die Länder seiner Region erstmals zu einem Großreich. Während auf der anderen Welthalbkugel das Reich Alexanders des Großen zerfällt und römische Streitkräfte in den Punischen Kriegen gegen Karthago kämpfen, regiert er den größten, bevölkerungsreichsten Staat der Erde. Der Name seiner Dynastie lautet Qin – Chin gesprochen – und gibt der späteren Großmacht China vermutlich ihren Namen.

Das Volk liebt den ersten Kaiser nicht, denn er hält die Menschen in

Schrecken. Qin Shi Huangdi ist ein totalitärer Herrscher, in dessen Reich Tausende Zwangsarbeiter krepieren und Verbannung und Tod zum alltäglichen Strafmaß gehören. „Er war ein Mann mit einer auffälligen Nase, großen Augen, dem Brustkorb eines Raubvogels und der Stimme eines Schakals", notiert der erste chinesische Geschichtsschreiber Sima Qian etwa 100 Jahre nach des Kaisers Tod. „Ein Mann, dem es an Güte mangelte."

Seine Richter lassen Gefangene in zwei Teile schneiden oder bestellen Pferdewagen, die Verurteilte in Stücke reißen. Beamte zerschlagen Gefangenen die Hoden, sie hacken Nasen ab oder brennen Wunden ins Gesicht. An der Grenze, die zuvor nur streckenweise mit Schutzwällen gesichert ist, bauen Heere von Zwangsarbeitern die Große Mauer. Historiker nennen die Lager einen „Gulag der Frühzeit".

DER VATER DES ERSTEN KAISERS, König Zhuangxiang, regierte noch ein Königreich, das mit anderen Staaten um das Kernland des heutigen Chinas kämpfte, eine Fläche von der Größe Westeuropas (siehe Karte auf Seite 31). Ringsum bildeten Wüsten, karge Steppen und das Kunlun-Gebirge mit seinen Ausläufern kaum überwindbare Grenzen. Das Land dahinter, so glaubten die Bewohner, könne nur unwirtlich sein, feindlich.

Aber auch ihr eigenes Leben war hart. Die meisten Menschen siedelten an den Flüssen: dem Gelben Fluss, der im Hochland von Tibet entspringt und sich über das Huangtu-Plateau durch schluchtenreiche Massive bis ans Gelbe Meer windet. Und am Jangtse, einem der längsten Flüsse der Welt, der aus dem Hochland durch die Berglandschaft des heutigen Drei-Schluchten-Damms in den Pazifik fließt. Selbst in den flachen Tälern und Flussdeltas ließ sich das Land nicht leicht bewirtschaften. Es war fruchtbar genug, um Hirse und Reis anzubauen. Doch die Flüsse traten immer wieder über die Ufer, das schlammige Wasser riss Bauernhütten nieder, überschwemmte die Äcker, ertränkte das Vieh. „Das frühchinesische Leben entstand nicht durch den Fluss, sondern im Kampf gegen ihn", urteilt ein Historiker. Bis heute zählt das

Zähmen der Ströme in China zur Staatsdoktrin, deren Erfüllung vielen Bürgern wichtiger ist als andere soziale Segnungen oder die Gewährung von Freiheitsrechten.

Die Not zwang zu erstaunlichem Fortschritt. Schon im 6. Jahrhundert vor Christus benutzten die Bauern Pflugscharen aus eisenbeschlagenem Holz, die auch den steinigen Boden in den Bergen umbrachen. Seit dem 3. Jahrhundert v. Chr. verwendeten sie Dünger, legten Sümpfe trocken, entsalzten die Erde, schufen Kanalsysteme, um Äcker zu bewässern. Schon früh gossen sie Stahl – eine Erfindung, die Europa erst mehr als 1000 Jahre später nachholte. Hacken und Sicheln entstanden daraus, aber auch Messer, Beile und Speere.

IM GEBURTSJAHR DES ERSTEN KAISERS, 259 v. Chr., bekämpfen sich sieben Reiche in Feldzügen und Intrigen. Aber wenigstens eine Front ruht. In das Nachbarland Zhao hatte Qin Shi Huangdis Großvater seinen Sohn als Geisel geschickt, wie es üblich war, um den Willen zum Frieden zu bekunden. Denn kein Herrscher würde ein Land angreifen, dem Sohn oder Tochter ausgeliefert sind. Der Vater des künftigen Kaisers lernt im Exil den reichen Kaufmann Lü Buwei kennen. In dessen Haus zechen sie. Dem Vater fällt dabei die Konkubine des Kaufmanns auf, eine Tänzerin. „Lü Buwei wurde wütend, aber er schenkte dem Prinzen die Frau, obwohl sie schwanger war“, schreibt Geschichtsschreiber Sima Qian – und setzt damit das Gerücht in die Welt, Qin Shi Huangdi, der spätere erste Kaiser, sei das uneheliche Kind einer Tänzerin und eines Kaufmanns.

Der Vater kehrt aus Zhao zurück und lenkt als König Zhuangxiang mehr als ein Jahrzehnt die Geschicke des Landes. Als er stirbt, ist der junge Herrscher 13 Jahre alt, ein Kind auf dem Thron. Lü Buwei, der Vertraute des Jungen, übernimmt die Herrschaft. Seine ehemalige Konkubine, die Mutter des künftigen Kaisers, verliebt sich derweil in einen Palastaufseher, der bei Hofe durch besondere Fähigkeiten auffällt. „Er schob mit seinem Riesenglied ein schweres Holzrad an“, lästert Schreiber Sima. Die beiden bekommen zwei Kinder und beschließen, eines zum

Thronfolger zu machen. Qin Shi Huangdi, inzwischen 18, tobt – und rächt sich grausam. Er lässt den Liebhaber vierteilen, dessen Mitverschwörer enthaupten. 4000 Adelsfamilien werden getötet oder verbannt. Auch die Mutter und Lü Buwei werden der Hauptstadt verwiesen. Das Kind auf dem Thron ist erwachsen geworden.

Sein Reich war schon ein totalitärer Staat, bevor der erste Kaiser an die Macht kam. Harte Gesetze herrschten, für jeden Verstoß drohten drastische Strafen. Es war ein perfekter Überwachungsstaat. Beamte teilten die Bürger in Kleingruppen aus jeweils fünf bis zehn Untertanen, die sich gegenseitig kontrollieren mussten. Jeder war für den anderen verantwortlich. Wer Verbrechen nicht denunzierte, galt selbst als Verbrecher. Desertierte ein Soldat, wurden die anderen vier seiner Gruppe hingerichtet. Bestraft wurden auch die männlichen Familienangehörigen eines Täters, Söhne, Vater, sogar der

GRABBEIGABE IN LEBENSGRÖSSE

Der Wagen mit vier Rössern aus dem Mausoleum des Ersten Kaisers ist ein authentisches Zeugnis von Mensch, Tieren und Technik seiner Zeit.

Großvater. Folter war erlaubt. Der erste Kaiser perfektioniert den allmächtigen Staat, teilt sein Reich in 36 Provinzen und diese wiederum in Präfekturen. Er führt einheitliche Gewichte ein und eine einheitliche Schrift. Er lässt sogar die Wagenbreite festlegen, damit sich die Räder nicht in den Fahrrillen der Lehmstraßen verkanten, er normiert die Hutbreite der Soldaten und schreibt das Gewicht der Akten vor, die seine Beamten täglich bearbeiten müssen. Als Gelehrte es wagen, den Kaiser zu kritisieren, lässt er sie als Volksfeinde hinrichten. Auf seinen Befehl verbrennen Beamte alle philosophischen, historischen und politischen Bücher. Nur sein Wille ist in seinem Reich Gesetz.

Auch die Armee ist straff organisiert. Armbrustschützen kämpfen gestaffelt in der Vorhut, Soldaten mit über sechs Meter langen Lanzen bringen die Pferde des Gegners zu Fall, Streitwagen durchbrechen die feindlichen Formationen, in endlosen Reihen folgt die Infanterie mit Spießen und Schwertern. Schmiede werden zu frühzeitlichen Rüstungs-

Pekingmensch, 500 000 v. Chr.

Ur- und Frühgeschichte

IN CHINA	**500 000 Jahre v. Chr.** Laut Knochenfunden Homo erectus mit aufrechtem Gang, fähig, Werkzeuge herzustellen	**5000 v. Chr.** Funde am Gelben Fluss und Jangtse zeugen von Reis- und Hirseanbau, Keramik, gewebten Stoffen	**1650–1050 v. Chr.** Shang-Dynastie, erste Schriftzeugnisse, Bronzemünzen. Es gibt bereits eine funktionierende Bürokratie	**500–400 v. Chr.** Erste Abschnitte der Großen Mauer werden gebaut. Herstellung von Seide	**Um 200 v. Chr.** Beile und Schwerter aus Stahl
ÜBRIGE WELT	**1,5 Millionen Jahre v. Chr.** Früheste Hinweise auf die Nutzung von Feuer im heutigen Kenia und Südafrika	**400 000 Jahre v. Chr.** Ältestes Holzwerkzeug, einen Speer, gefunden in Schöningen/Deutschland	**Um 3400 v. Chr.** Sumerer entwickeln Keilschrift **2600 v. Chr.** Bau der Cheopspyramide bei Gizeh	**776 v. Chr.** Erste Spiele im griechischen Olympia	**336–323 v. Chr.** Herrschaft Alexanders des Großen

betrieben. Auf Schwertfunden aus dieser Zeit finden sich Angaben der Qualitätskontrolle, selbst der Name des Aufsehers ist verzeichnet. In den Nachbarstaaten unterhält der Herrscher ein Netz aus Spionen. In 15 Kriegen unterwirft er die Feinde. Zum ersten Mal ist das Reich geeint, und der umstrittene Sohn einer Konkubine gibt sich nun den Namen, unter dem er in die Geschichte eingehen wird: Qin Shi Huangdi, der Erste Gottkaiser.

UNTER SEINER HERRSCHAFT BLÜHEN DIE STÄDTE AUF, das Handwerk floriert. Töpfer, Wagner, Bogenmacher, Gerber, Korbflechter siedeln im Umfeld der Paläste. Auch Kaufleute leben dort, doch sie werden misstrauisch beäugt und streng kontrolliert. Wer Wohlstand und Einfluss erlangen möchte, dient dem Staat als Offizier oder Beamter. Aber die Bauern von Qin tragen die Hauptlast: Sie müssen Steuern zahlen, die Soldaten ernähren und auch selbst schwer bewaffnet in den Krieg ziehen.

Frühe Kaiserzeit

Pferdeskulptur, Han-Dynastie

221 v. Chr.
Einigung des Reichs durch den ersten Kaiser Qin Shi Huangdi (259 bis 210 v. Chr.). Die Große Mauer wird auf 4000 Kilometer Länge ausgebaut

206 v. Chr. bis 220 n. Chr.
Han-Dynastie. Ausbreitung des Reichs bis Zentralasien

Ab 200 v. Chr.
Konfuzianismus wird Staatskult

220–265 n. Chr.
Zeit der Drei Reiche

420–581 n. Chr.
Zeit der Nördlichen und Südlichen Dynastien. Der Buddhismus breitet sich aus

581–618 n. Chr.
Aufstieg und Niedergang der Sui-Dynastie

44 v. Chr.
Julius Cäsar wird von Verschwörern ermordet

9 n. Chr.
Varus-Schlacht: Germanen beenden den römischen Vormarsch

116 n. Chr.
Größte Ausdehnung des Römischen Reiches

Konfuzius

400 n. Chr.
Polynesier besiedeln Hawaii-Inseln

570 n. Chr.
Geburt des Propheten Mohammed

7300 tönerne Krieger wachen im Schattenreich

SEIT JAHRTAUSENDEN STEHEN SIE STRAMM

Mit Blick nach Osten sind die Soldaten der Terrakotta-Armee aufgereiht. Wie in der Schlacht scharen sich Infanteristen um die Streitwagen. Mehr als 1000 Arbeiter schufen die Tonfiguren aus standardisierten Teilen; Haare und Gesichter gestalteten sie individuell.

Die Metropole, beschließt der gottgleiche Herrscher, soll die prächtigste der Städte werden und ein Abbild des Kosmos sein. Historiker glauben, Anhaltspunkte dafür zu haben, dass er die überlieferten Pläne tatsächlich umgesetzt hat und die Straßen mitsamt der Tempel, Pagoden und mehrstöckigen Herrschaftshäuser nach Sternbildern anordnen ließ. Er befiehlt, Fürstenpaläste der eroberten Staaten nachzubauen. Aus den Waffen der besiegten Feinde gießen Schmiede gigantische Statuen, die er in seinen Palästen ausstellt. Xianyang, Qins Hauptstadt, die im heutigen Zentralchina liegt, ist symbolisches Zentrum der Welt. Der Kaiserpalast Epang wird für 10 000 Menschen geplant, notiert Geschichtsschreiber Sima. 120 000 Adelsfamilien, umgesiedelt aus den besetzten Ländern, leben bald in der Hauptstadt. Am Hof herrschen Luxus und Pracht. Am Berg Lishan aber, etwa 40 Kilometer von Xianyang entfernt, müssen Hunderttausende Strafarbeiter an einer gigantischen Grabanlage bauen, Jahrzehnte vor dem Tod des Kaisers.

Generäle ziehen mit ihren Soldaten in die Provinzen, ebnen Wege, graben Kanäle. Schon bald führen 6800 Kilometer Straßen durch das Land – 1000 Kilometer mehr als im Römischen Reich, mehr als irgendwo sonst auf der Welt. Eine 34 Kilometer lange Wasserstraße, der „Magische Kanal", entsteht in Rekordzeit und ist bis heute in Betrieb. Das Land gleicht einem Arbeitslager. Die schlimmste Strafe lautet: Mauer.

DER SCHUTZWALL AN DEN GRENZEN war das ehrgeizigste Projekt des alten Chinas. Befestigungsmauern hatte es im Norden schon zuvor gegeben. Doch der neue Wall aus gestampfter Erde und Bruchsteinen soll höher und größer werden, er misst unter dem Kaiser mehr als 4000 Kilometer Länge. Und er wird selbst dort gebaut, wo es kaum möglich scheint: auf dem Sandboden des heutigen Gansu im Nordwesten, in den Steppen der Inneren Mongolei, auf den Hügeln des Huangtu-Plateaus, in sumpfiger Ebene. Tausende Zwangsarbeiter und Soldaten werden auf die Baustellen geschickt. Die Mauer entreißt den Nachbarvölkern Weideland. Und sie soll Schutz bieten gegen die Nomadenvölker im Norden. Der Kaiser, der Gottgleiche, ist nicht nur ein brutaler, er ist auch ein ängstlicher Mann.

NICHTS FÜRCHTET ER SO SEHR WIE DEN TOD. Wie besessen sucht er in den letzten Jahren seines Lebens nach dem Geheimnis der Unsterblichkeit. Er bestellt Magier und Wahrsager ein, glaubt an Zeichen und Propheten. Als ihm einer rät, er müsse sich verborgen halten, lässt er Tunnel zwischen Palastanlagen graben und an den Straßen, auf denen er sich bewegt, Wälle aufschütten. Jedem Wächter, der verrät, wo der Kaiser sich aufhält, droht der Tod. Er lässt ein Gefolge aus 3000 jungen Frauen und Männern die Insel der Unsterblichkeit suchen, die er im Ostmeer vermutet. Vielleicht verabreichen ihm die Magier sogar Quecksilber – und vielleicht bringt dieses Gift ihn um.

Doch ausgerechnet im Tod wird der grausame, mächtige, verhasste und erfolgreiche Kaiser unsterblich – mehr als 2000 Jahre nach seiner Beerdigung.

Es ist ein Frühlingstag im März 1974, als Bauern nahe der kleinen Stadt Lintong einen Brunnen graben wollen.

DIE TYRANNEN GEHEN IN DIE KNIE

Ein Aufstand beendet die Terrorherrschaft der Qin-Dynastie. Der neue Kaiser lässt die Gefangenen von Soldaten vorführen.

Die Terrakotta-Armee, die uns heute riesig erscheint, ist nur ein winziger Teil der Grabanlage des ersten Kaisers. Für deren Bau benötigten 700 000 Zwangsarbeiter 37 Jahre. Eine über sechs Kilometer lange Außenmauer umfasst die Pyramide mit der Grabkammer.

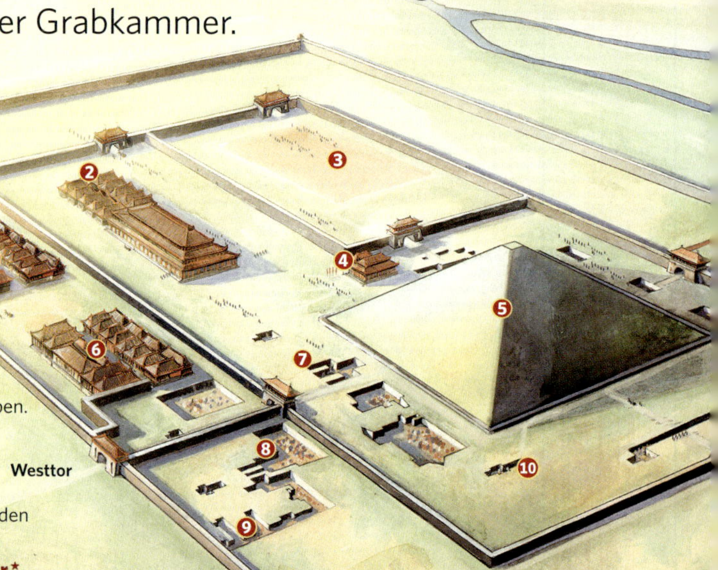

❶ Verwaltungstrakt
Arbeits- und Wohnstätten der Mausoleumsbeamten

❷ Seitenflügel
Privatgemächer der kaiserlichen Familie und Lager für liturgische Gerätschaften

❸ Nekropole der Konkubinen
Alle Frauen aus dem Harem des Kaisers, die ihm keinen Sohn geboren haben, müssen nach seinem Tod sterben und werden hier begraben.

❹ Tempel
Aufbewahrungsstätte für Reliquien des Kaisers, die einmal im Monat bei einer Prozession zum Ahnentempel nahe der Hauptstadt getragen werden

❺ Pyramide mit Erdpalast und Grabkammer*
Unter der 115 Meter hohen Pyramide aus gestampfter Erde befindet sich der Erdpalast mit der Grabkammer. An deren Bronzedecke soll das Firmament mit Edelsteinen nachgebildet sein. Am Boden fließen Flüsse aus Quecksilber in einen künstlichen Ozean. Den Bronzesarg umgeben Modelle wichtiger Gebäude. In den Seitenräumen lagern Gefäße mit Kostbarkeiten. Handwerker, die im Allerheiligsten gearbeitet haben, werden beim Verschließen der Grabkammer lebendig begraben.

infografik: Torben Kuhlmann, Cyprian Lothringer; Recherche/Text Klaudia Thal; *Rekonstruktion; Grab bisher ungeöffnet
Quellen: Jenseits der Großen Mauer, 1990; Krieger für die Ewigkeit, 2006

Die Totenstadt des **Gottkaisers**

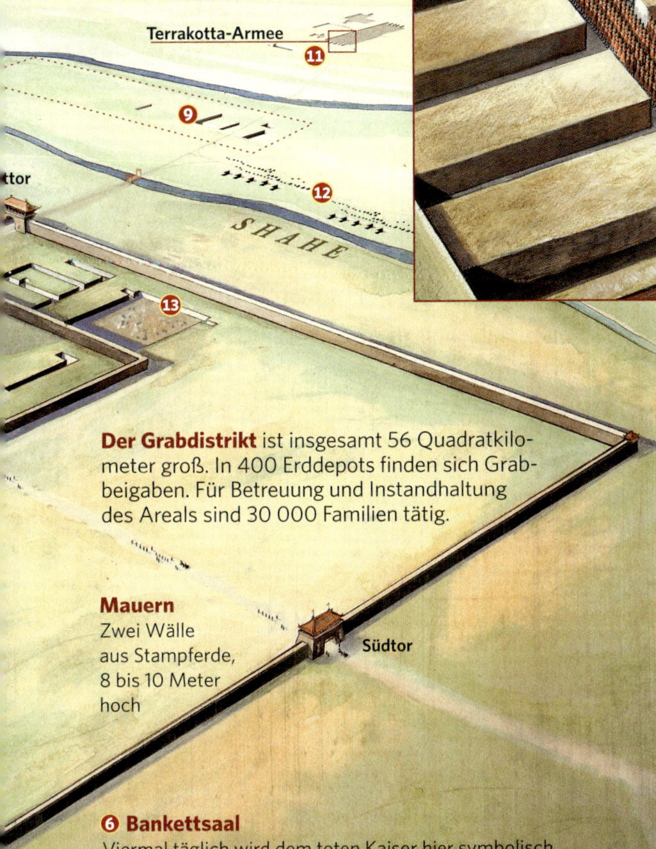

Der Grabdistrikt ist insgesamt 56 Quadratkilometer groß. In 400 Erddepots finden sich Grabbeigaben. Für Betreuung und Instandhaltung des Areals sind 30 000 Familien tätig.

Mauern
Zwei Wälle aus Stampferde, 8 bis 10 Meter hoch

⑪ Die Terrakotta-Armee
1,5 Kilometer von der Pyramide entfernt sind etwa 7300 tönerne Krieger samt Pferdestatuen und Streitwagen in drei Schächten aufgestellt. Sie stehen in Kampfformation und sollen den Kaiser im Jenseits schützen.

⑫ Begleitgräber

⑬ Rüstkammer
Depot mit Rüstungen und Helmen aus polierten Kalksteinplättchen

❻ Bankettsaal
Viermal täglich wird dem toten Kaiser hier symbolisch Nahrung dargeboten. Der Versorgungstrakt dient auch den lebenden Bewohnern.

❼ Marstall
Zwei Bronzewagen mit Wagenlenkern und Pferden aus Terrakotta stehen für den toten Kaiser bereit. Aus seiner Gruft führt ein unterirdischer Gang direkt zum Fuhrpark.

❽ Menagerie
Miniatur-Flusslandschaften mit Tieren und tönernen Wärtern

❾ Stallungen
An zwei Fundstätten entdecken Archäologen insgesamt etwa 500 Pferdeskelette mit Stallknechtfiguren.

❿ Funktionäre
Figurinen aus Ton repräsentieren die wichtigsten Männer im Staat.

Bogenschütze **Kommando-Offizier**
Tonfiguren in Originalbemalung

Dabei stoßen sie auf einen Tonkopf. Dann auf einen Arm aus Ton, auf Stücke von Beinen und Rümpfen. Archäologen reisen an, sie finden mehr Scherben, zentnerweise. Sie legen drei riesige unterirdische Höhlen frei, die größte misst 14 260 Quadratmeter. Sie ist gefüllt mit Scherben von tönernen Pferden und Kampfwagen und Soldaten. Insgesamt ist die Grabanlage etwa so groß wie Manhattan.

DIE ZERSCHMETTERTEN KRIEGER DER TERRAKOTTA-ARMEE gelten bald als bedeutendster archäologischer Fund des 20. Jahrhunderts. Keine Quelle hatte die Krieger je erwähnt. Und niemand hatte je ähnliche Kunstwerke aus der chinesischen Frühzeit gesehen: lebensgroße Figuren mit lebensechten Gesichtszügen. Bis heute rätseln Forscher, wie die Krieger hergestellt wurden. Wo wurden die mannshohen Figuren gebrannt, wie sahen die Werkstätten aus? Viele der Handwerker, so glauben Historiker, überlebten den Tod des Kaisers nicht lange. Sie wurden nach seiner Beerdigung lebendig in der Grabanlage eingeschlossen – und vielleicht kannte deshalb kein Geschichtsschreiber das Geheimnis der unterirdischen Krieger.

Chinesen halten die tönerne Armee heute für das achte Weltwunder. Die Tonfiguren zeigen, wie kunstfertig die Handwerker vor mehr als 2000 Jahren waren, wie perfekt ihre Technik und Logistik. Doch sie demonstrieren auch, wie straff dieser Staat organisiert war, wie brutal. Und bald nach dem Ende von Qin Shi Huangdi sollte das mächtige Reich an der Schreckensherrschaft seiner Kaiser zugrunde gehen.

An einem verregneten Tag im Herbst 209 v. Chr. macht sich Chen She, ein ehemaliger Lohnarbeiter und nun Soldat, am frühen Morgen auf. Er soll 900 Rekruten in ein Militärlager an der nördlichen Grenze bringen. Wegen des Regens verspätet sich der Trupp, ein gefährliches Missgeschick. Unpünktlichkeit ist im Staate Qin kein Kavaliersdelikt, sondern wird mit dem Tod bestraft.

Chen She will sich nicht in sein Schicksal ergeben. „Flucht wie Verschwörung, beides bedeutet den Tod. Wenn man die beiden Tode vergleicht, erscheint es besser, dafür zu sterben, dass man einen Staat ge-

infografik: Axel Kock; Recherche: Klaudia Thal; Quelle: Putzger Historischer Weltatlas

gründet hat“, zitiert ihn der Geschichtsschreiber Sima. Der Soldat flieht, und zu seinem eigenen Erstaunen schließen sich ihm Unzufriedene in Scharen an. Ein Aufstand bricht los und breitet sich aus wie ein Flächenbrand. Tausende Bauern, von den Behörden zum Zwangsdienst an der

Ein undatierter chinesischer Holzschnitt zeigt den Philosophen beim Unterricht.

Konfuzius
Der „Lehrer von 10 000 Generationen"

Posthum hat er höchste staatliche Ehren erhalten, wurde 1906 durch ein Edikt gar den Gottheiten des Himmels und der Erde gleichgestellt. Doch er selbst war am Jenseits nur mäßig interessiert. „Wo wir noch nicht einmal über das Leben Bescheid wissen, wie dann über den Tod?", mahnte Konfuzius und hielt seine Schüler an, gegen allen Geisterglauben und Mystizismus kritisch zu sein. Die irdischen Dinge aber nannte er klar beim Namen: „Essen und Beischlaf sind die beiden großen Begierden des Mannes." Der „Lehrer von zehntausend Generationen" wurde 551 v. Chr. in bescheidene Verhältnisse hineingeboren. Sein Vater starb, als Konfuzius noch klein war, die Familie verarmte. Der Sohn begann als Scheunenaufseher, wechselte aber in den Staatsdienst und brachte es bis zum Minister. Historische Darstellungen zeigen ihn meist mit hoher Stirn, spitzem Kinn- und langem Schnurrbart. Im Jahre 497 v. Chr. trat er mit seinen Schülern eine 13-jährige Wanderschaft an und entwickelte seine Lehre. Deren zentrales Thema war die Ordnung, erreichbar nur durch die Achtung von Mitmenschen und Ahnen. Untergebene und Jüngere haben seiner Moralschule zufolge in erster Linie zu gehorchen. Konfuzius sprach: „Mit Frauen und Dienerschaft ist schwer umzugehen. Wenn man sie zu vertraut behandelt, werden sie respektlos. Wenn man Abstand zu ihnen wahrt, murren sie."

Nach dem Tod des Meisters 479 v. Chr. fassten Schüler seine Weisungen in den Büchern Si Shu zusammen. Hauptwerk ist Lun Yu, das Buch der Gespräche.
Doch erst 270 Jahre später, in der Han-Dynastie, wurde seine Lehre staatlich anerkannt. Bis heute diente sie häufig als Instrument autoritärer Regime, Menschen gefügig zu machen. Konfuzius' Forderung an die Mächtigen, gerecht, gütig, großzügig und uneigennützig zu handeln, unterschlugen sie meist. Vom Volk aber verlangten sie, seinen Gehorsamsgeboten ohne Einschränkung zu folgen.
In den vergangenen 1000 Jahren veränderten starke Einflüsse aus Buddhismus und Daoismus die strenge Denkschule, in Fußnoten und Nebensätzen taucht seither auch Jenseitiges auf. Unverändert aber sind die Haupttugenden: Menschlichkeit, Rechtschaffenheit, Sittlichkeit, Weisheit und Aufrichtigkeit. Wer diesen Tugenden und den damit verbundenen Pflichten folge, verändere sich zum Guten, was laut Konfuzius eine Kettenreaktion auslöst: „Ist die eigene Person in Ordnung, so ist die Familie in Ordnung, ist die Familie in Ordnung, ist der Staat in Ordnung, so ist die Welt in Ordnung."
Die Lehre des Konfuzius, zur Zeit Maos noch verteufelt und verfolgt, erlebt heute eine neue Blüte. Sein strenges ethisches Regelwerk bedeutet für viele Chinesen ein philosophisches Gegengewicht zum boomenden Wildwest-Kapitalismus. In China ist es inzwischen schick, sich auf den alten Herrn zu berufen. Über zwei Millionen Menschen haben sich bei der Konfuzius-Stammbaum-Gesellschaft als Nachfahren des Moralpredigers registrieren lassen.

Studenten des Konfuzius warten auf die Ergebnisse ihres Examens.

HULDIGUNG DER GRÖSSE BUDDHAS

In den Yungang-Höhlen entstand von 460 bis 520 n. Chr. ein Sinnbild der Verbindung von Buddhismus und chinesischer Tradition.

Mauer verpflichtet, ziehen gegen den totalitären Staat in den Krieg. Die Qin-Dynastie geht bereits wenige Jahre nach dem Tod des ersten Kaisers am Staatsterror und am Größenwahn zugrunde. Der Aufrührer Chen She profitiert nicht davon: Er wird von seinem Kutscher ermordet.

Ein ehemaliger Beamter, Liu Bang, schart Soldaten um sich, lässt den Enkel des Gottgleichen töten und sich selbst zum Kaiser ausrufen. Es ist der Beginn einer neuen Dynastie. Liu Bang nennt sie „Han" – nach einem Fluss in der heutigen Provinz Hubei.

Für die Bauern, die Ernährer des Reiches, ändert sich jedoch nichts. Sie zahlen weiter Steuern, leisten Arbeits- und Militärdienst und hungern, wenn Unwetter oder Überschwemmungen ihre Ernte vernichten. Immer wieder erschüttern Aufstände das Land. Die Han-Kaiser schmettern sie nieder. Schließlich bewährt sich gegen die Wut der Untertanen eine besondere Waffe: die Philosophie des Konfuzius. Die Herrscher glauben tatsächlich daran, göttliche Wesen zu sein, die ihre Macht aus dem Himmel schöpfen. Ihre Gelehrten sollen diesen Gedanken nun ins Volk tragen. Der Himmel sorge für die Weltordnung, verbreiten sie, der Kaiser hingegen für Ordnung auf Erden. Ergebenheit lautet das neue Gesetz. Nicht mehr die Angst vor Strafe soll die Menschen disziplinieren, nun gibt eine strikte Moral die Regeln vor. Die Ritualbücher, eilig verfasst von Hofliteraten, legen Normen für den Alltag fest. Bescheidenheit und Unterwürfigkeit werden zur Tugend erhoben – eine erfolgreiche Strategie, die bis heute wirkt. Für den Hof allerdings gelten die Gebote nicht.

Der Gehorsam des Volkes wird in den kommenden Jahren auf eine harte Probe gestellt. Die Xiongnu, ein Reitervolk aus der Steppe Zentralasiens, greifen das Reich immer wieder von Norden an. Kaiser Han Wudi, einer der Nachfolger Liu Bangs in der Han-Dynastie, sucht Verbündete im Rücken des Feindes. Es ist ein revolutionärer Entschluss. Der Kaiser schickt eine Gesandtschaft auf die gefährliche Mission. Zum ersten Mal wagt sich ein Herrscher aus dem Land der Mitte in den Westen, in das Land der Barbaren.

REISEN DAUERTEN DAMALS MONATE, JAHRE, JAHRZEHNTE. Auch die Expedition des kaiserlichen Botschafters ist ein langwieriges Abenteuer. Er fällt in die Hände der Xiongnu. Zehn Jahre lang hält ihn das feindliche Reitervolk fest. Dann flieht er. Er gelangt nach einem beschwerlichen Fußmarsch nach Fergana im heutigen Usbekistan. Dort hört er zum ersten Mal von den anderen Großreichen der Welt, von Rom und Griechenland. „Man findet dort lebhafte Marktplätze“, notiert der Gesandte des Kaisers. „Sie haben Silbergeld mit dem Bild ihres Königs;

stirbt der König, so wechselt man diese Münzen gegen die mit dem Bild des neuen Königs. Schräge Zeichen, die verschlungenen Pflanzen gleichen, dienen zur Datierung."

Er erfährt von einem anderen Land, in das chinesische Waren über zahlreiche Zwischenhändler bereits ihren Weg finden: „Es ist flach und feucht, die Hitze sengend", schreibt er. „Dort richtet man Elefanten für kriegerische Zwecke ab, und das Land liegt an einem großen Fluss: Indus." So hört Wudi, Kaiser von China, zum ersten Mal von Indien.

Als die Gesandten von ihrer Aufklärungstour zurückkehren, beschließt der Kaiser, gegen das Reitervolk der Xiongnu in den Krieg zu ziehen. Nach einem zweiwöchigen Wüstenmarsch erringen Tausende chinesische Reiter und etwa 100 000 Fußsoldaten den Sieg. Der Kaiser folgt, in gehörigem Abstand, seinen Truppen. „Die Gesamtbeute betrug 10 000 Köpfe", heißt es in den Aufzeichnungen eines Feldmarschalls. Später nehmen die Truppen Pamir und Fergana in Besitz. Das Reich ist nun noch mächtiger als zu Lebzeiten des ersten Kaisers. Die Handelsroute in den Westen ist eröffnet. Als Julius Cäsar 44 v. Chr. stirbt, ist chinesische Seide in Rom bereits beliebt und wird in immer größeren Mengen importiert. Am kaiserlichen Hof treffen Gesandte aus Indien ein, und im 2. Jahrhundert n. Chr. sogar aus Rom. Auch der Seehandel floriert, Schiffe verfrachten chinesische Waren nach Vietnam und Java. Das Reich der Han ist nun so groß und einflussreich wie das Römische.

Dass diese Dynastie im Jahre 220 n. Chr. untergeht, ist eine Folge von Intrigen im Palast. Dort ergreifen die Eunuchen die Macht. Ursprünglich waren sie einfache Diener am Hof und kontrollierten den Harem des Kaisers. Etwa 70 bis 130 Konkubinen lebten gewöhnlich in den kaiserlichen Wohnräumen, und kein Mann außer dem Kaiser durfte sich ihnen nähern. Es sei denn, der Mann war kastriert.

KASTRIERT WURDE SEIT JAHRHUNDERTEN. Anfangs als Strafe. Das Urteil galt meist auch für die anderen männlichen Familienangehörigen, selbst Siebenjährige verdammte man in Sippenhaftung zu „Abschneiden" oder „Zerschlagen" – den gängigen Methoden. Hoden und Penis wurden in Alkohol konserviert und dem Grab beigelegt, weil der Körper, so der chinesische Glaube, unbeschädigt beerdigt werden musste. Das Leben der Eunuchen war demütigend. Da bei der Operation oft auch der Schließmuskel der Blase riss, waren die vornehmen Kammerdiener meist lebenslang Bettnässer.

Dennoch lassen mehr und mehr Eltern im historischen China ihre Söhne freiwillig kastrieren. In der Han-Zeit sind den Eunuchen viele Posten im Palast vorbehalten, sie machen schnell Karriere. Sie kontrollieren das Liebesleben des Kaisers, sie führen ihm Frauen zu, beobachten den Sex, notieren Tag und Stunde des Verkehrs und überprüfen sogar die Samenaufnahme. Eunuchen entscheiden auch, welche der Frauen ein Kind bekommen darf und welcher Sohn schließlich Thronfolger wird. Oft sind die neuen Kaiser so jung, dass die Eunuchen das Regieren gleich selbst übernehmen.

Bald werden Eunuchen in den Adelsstand erhoben, sie dürfen Söhne adoptieren, ihre Familien kontrollieren schließlich das gesamte Leben im Palast. Außenstehende werden bei Hof nicht mehr vorgelassen. Die Eunuchen bereichern sich und ihre Familien, aber um die Verwaltung des Reiches kümmern sie sich nicht. Als es eine neue Welle von Aufständen erlebt, hat die dekadente Palastgesellschaft den Unzufriedenen wenig entgegenzusetzen. Wieder zerbricht ein mächtiges Reich. Jahrhunderte sollte es dauern, bis es aufs Neue zusammenwächst.

Im Reich der Mitte beginnt eine der glanzvollsten Epochen. Die Hauptstadt Chang'an für eine Million Einwohner wird am Reißbrett geplant, mit Palästen, Pagoden, Bibliotheken, prachtvollen Gärten. Doch im Zenit seiner Macht wird der Kaiser verraten, auf der Flucht erlebt er seine bitterste Stunde.

EUNUCHEN UND MANDARINE

Zu jeder Stunde sind die Herrscher umgeben von Höflingen und Beamten. Diener fächeln dem Tang-Kaiser Kühlung zu, so zeigt es eine Wandmalerei aus dem 7. Jahrhundert.

China
blüht
auf

setzen sich die Kaiser ein **Denkmal**

Die kaiserlich-chinesischen Astronomen zählen den zwölften Tag im sechsten Monat des Jahres 756, langsam senkt sich die Sonne hinter der Hauptstadt, und der alte Kaiser ahnt, dass auch seine Herrschaft untergehen wird. Die Rebellen sind nicht mehr weit entfernt. Schon haben sich die meisten Bürger in die Berge geflüchtet. Mehr als 40 Jahre lang hat Xuanzong als Kaiser von China geherrscht, 60 Nachkommen gezeugt, und jetzt droht ihn ein Armeeführer aus der Provinz zu stürzen – den er selbst so lange gefördert hat.

Noch wenige Monate zuvor war Xuanzong der uneingeschränkte Herrscher über eines der mächtigsten Reiche der Erde. Niemals zuvor war China größer. Von der schwülheißen Mekong-Region im Süden bis zur bitterkalten Wüste Gobi im Norden, vom Pazifik im Osten bis weit nach Westen, hinein in die Steppen Zentralasiens. Ein weites Land, durchzogen von Straßen und über 2000 Kilometer langen Kanälen, gesichert durch starke Garnisonen an den Grenzen, reich an Handelsstädten, die sich in ihrer Organisation mit denen des alten Rom messen konnten. Seit Jahren herrscht Ruhe; selbst mit den Tibetern hat man eine Übereinkunft gefunden. Dort ist seit etwa 600 ein einheitlicher Staat entstanden.

NUN ABER, AN DIESEM ABEND DES JAHRES 756, schreitet der 70-jährige Kaiser einsam durch die Hallen seines „Palastes des aufsteigenden Glücks". Eine der Hauptstraßen der Stadt, die prachtvolle, 150 Meter breite Nord-Süd-Straße, führt direkt daran vorbei. Doch auch dort, wo sich sonst Wagen und Menschen drängen, herrscht Leere. Nur eine Handvoll Minister und Beamte sind noch nicht geflohen. Was sie dem Kaiser berichten, klingt wenig verheißungsvoll: Von Nordosten kommend, hat der Provinzkommandeur An Lushan vor wenigen Monaten mit über 100000 Mann die zweite Hauptstadt des

SCHÄTZE AUS DEM GANZEN REICH

Für ihre rege Bautätigkeit lassen die Herrscher kunstvoll behauene Steine auf Schiffen anliefern und seltene Bäume herbeitragen – zum Erstaunen der Bürger.

EIN KRIEGER IN VOLLER RÜSTUNG
Die Steinskulptur zeigt einen Soldaten der Tang-Dynastie mit Schwert, Schild und Panzerhemd. Archäologen fanden sie an einem Außenposten der Seidenstraße.

Reiches eingenommen und anschließend das letzte Aufgebot des Kaisers aufgerieben.

An Lushan – viele Jahre hatte der alte Herrscher seine Hand über ihn gehalten. Die erste Konkubine des Kaisers, Yang Guifei, hatte Gefallen an dem stämmigen Burschen aus der Provinz und adoptierte ihn sogar. Aus Liebe zu ihr beförderte der Kaiser den jungen Mann auf immer höhere Posten, schließlich auf den des Kommandeurs der nordöstlichen Provinz. Dort, mehr als 800 Kilometer von der Hauptstadt entfernt, begann An Lushan, eine Rebellion vorzubereiten. Allen Warnungen und Indizien wollte der Kaiser lange nicht glauben.

Nun steht der Undankbare keine hundert Kilometer vor der Hauptstadt. Was soll der Kaiser tun? Chang'an verlassen – die größte Stadt der Welt, die mit ihrer perfekten Ordnung, ihren Palästen und Pagoden für all das steht, was seine Vorfahren erschaffen haben?

DIE GESCHICHTE CHANG'ANS BEGINNT IM JAHR 589. Mehrere Jahrhunderte lang war China zerfallen in Kleinstaaten. Einem Provinzführer gelingt es, das Reich zu einen und eine neue Dynastie zu begründen. Sein Name ist Wendi, seine Dynastie jene der Sui. Der Kaiser ist ein Asket. Sich selbst gönnt er wenig Luxus, auch die Kosmetik für die Damen des Hofes lässt er rationieren. Doch er ist von einer Mission besessen. China soll wieder mächtig werden. Jeden Abend nimmt er stapelweise Papiere mit in seine Privatgemächer. Keine Entscheidung soll ohne sein Wissen fallen: Gerichtsurteile, Prüfung der Beamten, der Bau der neuen Kanäle – vor allem aber die Planung für die Hauptstadt Chang'an, die zum Denkmal seiner Herrschaft werden soll. Es ist ein Mammutprojekt, wie es China seit Generationen nicht mehr gesehen hat.

Der schachbrettartige Grundriss der Stadt soll eine höhere Ordnung repräsentieren. 11 Straßen in Nord-Süd-, 14 in Ost-West-Richtung. Fast alle sind zwischen 35 und 65 Meter breit, die Hauptachse gar 150 Meter; den Gesandten fremder Mächte soll schon beim Einzug die Größe des neuen Reichs bewusst werden. Die 110 Wohnquartiere sind jeweils unterteilt in 4 Blöcke und von eigenen Mauern umschlossen. Es soll Abwassergräben geben, Kanäle, Märkte, Paläste, Tempel, Bibliotheken, Wirtshäuser, kurz: Wendi plant die größte Stadt der Welt.

Nur drei Jahre nach Beginn der Arbeiten zieht Wendi in den Rohbau seines Palasts. Auch Verwandten und dem Hofstaat wird der Umzug befohlen. Bald füllen Zehntausende die werdende Metropole.

Wendi stirbt schon 604, doch seine Nachfolger gehen mit gleichem Enthusiasmus an den Aufbau von Stadt und Reich. Immer mehr Männer werden zum Kanalbau herangezogen, immer mehr Soldaten für die Feldzüge. Eine Million sind es 612 für eine Offensive gegen Korea. Schließlich wehren sich die Untertanen. „Die wütende Stimme des

Windes mischt sich mit dem Lärm der Trommeln“, notiert ein Dichter, und die Herrschaft der Sui endet im Jahre 617. Ein Verwandter begründet nach Ermordung aller Konkurrenten eine neue Dynastie – die der Tang. Für Historiker ist das der Beginn einer der glanzvollsten Epochen chinesischer Geschichte. Schon der zweite Tang-Kaiser Taizong, an die Macht gelangt durch Mord an den beiden Brüdern samt ihren zehn Söhnen, schiebt die Grenzen des Reiches weit hinaus. Die türkischen Stämme im Norden beugen sich, die Städte Zentralasiens werden erobert, eine geschickte Steuerpolitik lässt die Staatseinnahmen wachsen.

Vor allem aber öffnet sich China nach einer langen Zeit der Abschottung wieder fremden Einflüssen. Eine alte Handelsroute blüht erneut auf: die Seidenstraße.

SCHON ZUR ZEIT UM CHRISTI GEBURT florierte der Handel zwischen dem römischen Imperium und dem Reich in Fernost. Die mühsame Aufzucht der Seidenspinnerraupen, das Töten der Motten mit heißem Dampf, das Abwickeln der bis zu 900 Meter langen Fäden, das Verspinnen von drei bis 15 Fäden zu einer Faser war im Abendland eine unbekannte Kunst, und so galt seidenes Tuch als Statussymbol ersten Ranges. „Diese Seidengewänder werden für einen riesigen Betrag von Völkern herbeigeschafft, die für ihren Handel nicht bekannt sind: Nur damit unsere Frauen der Öffentlichkeit genauso viel von sich zu sehen geben wie den Ehebrechern im Schlafzimmer“, mäkelt der römische Philosoph und Staatsmann Seneca im ersten Jahrhundert nach Christus.

Der Transport ist mühsam und gefährlich. Die Rou-

te führt von Chang'an nach Nordwesten auf die Wüste Gobi zu, umgeht die Takla-Makan-Wüste, folgt dem nördlichen Rand des Pamir-Gebirges, geht schließlich über Samarkand durch die persischen Gebiete und erreicht nach einer weiteren Wüstenquerung Damaskus. Mancherorts steigen die Temperaturen im Sommer auf 60 Grad, in der Wüste Gobi sinken sie im Winter auf bis zu 35 unter null.

Zudem ist die Seidenstraße alles andere als ein Boulevard. Manche Wegstrecken sind in den Fels gehauen, andere kaum zu erkennen; Unkundigen bleibt nur, sich „an den eingetrockneten Gebeinen der Toten als Wegmarken zu orientieren", wie ein reisender Mönch notiert. Als Lasttiere sind unter den unwirtlichen Bedingungen einzig Kamele geeignet.

Stoffe, Gewürze, Edelsteine, Seifen oder Hölzer gelangen auf diesem Weg von Ost nach West, aber auch religiöse Vorstellungen. Gut dokumentiert sind die Erlebnisse des buddhistischen Pilgers Xuanzang, der sich 629 auf der Seidenstraße nach Indien aufmacht. Sein Reisebericht vermerkt neben Raubüberfällen unter anderem: Fast-Verdursten in der Takla-Makan, Fast-Erfrieren im Pamir, Fast-Ertrinken im Ganges und ein Wetttrinken mit musikalischer Untermalung am Hof eines

infografik Axel Kock; Recherche: Klaudia Thal; Quelle: Th. Höllmann, Die Seidenstraße, München 2004

türkischen Khans: „Dann sah man die immer mehr angeheiterten Gäste sich gegenseitig um die Wette zum Trinken auffordern, gegenseitig mit ihren Schalen anstoßen, die sie abwechselnd vollschenkten und leerten, während die ganze Zeit über die Musik der Barbaren des Südens und des Nordens, des Ostens und des Westens ihre lärmenden Akkorde hören ließ."

ALS XUANZANG 17 JAHRE SPÄTER NACH CHANG'AN zurückkehrt, bringt er, wie zuvor schon andere Pilger, buddhistische Schriftrollen mit nach China. Dort herrscht noch immer Taizong, der zweite Kaiser der Tang. So brutal der gegen alle vorgeht, die seine Macht infrage stellen, so offen zeigt er sich gegenüber den neuen Religionen aus dem Westen. Staatskult ist zwar der Konfuzianismus, doch Taizong lässt auch Juden, Muslime und andere gewähren. Insbesondere der Buddhismus kann sich in diesen Jahren in China ausbreiten, und in Chang'an entstehen zahlreiche buddhistische Klöster und Tempel.

Im Jahre 648, mit knapp 50 Jahren, erkrankt der Kaiser. Ende des Jahres wird er bettlägerig. Taizong hat 122 Konkubinen, doch nur eine davon wird auserkoren, ihn zu pflegen. Es ist eine 22-jährige Schönheit, seit acht Jahren im Harem des Kaisers. Mit Geschick und Skrupellosigkeit hat sie sich nach oben gearbeitet. Jetzt schickt sie sich an, die mächtigste Frau des Reiches zu werden. Ihr Name ist Wu.

Im Sommer 649 stirbt Taizong. Offiziell wird sein Sohn Nachfolger – tatsächlich liegt die Macht da schon bei Wu. Denn noch während sie dessen Vater pflegte, hatte sie ein Verhältnis mit dem Jüngling begonnen. Der ist ihr nun willig. Schritt zwei: Sie tötet ihr eigenes Kind und lenkt geschickt den Verdacht auf die Frau des Kaisers. Die wird ausgepeitscht und, nachdem man ihr Hände und Füße abgeschlagen hat, in einem Weinfass ertränkt.

690 greift Wu dann selbst nach der höchsten Würde. Sie wird die einzige Kaiserin der chinesischen Geschichte – und liefert reichlich Stoff für die Chronisten: Man attestiert ihr das „Herz einer Schlange", die „Natur eines Wolfes". Bis ins hohe Alter leistet sie sich diverse Affären

mit Ministern und Mönchen, wobei sie sich beim Liebesakt gerne im Spiegel beobachtet. Immer aber hält sie die Zügel der Macht fest in den Händen. So leidet das Reich auch nicht unter den Eskapaden der exzentrischen First Lady, sondern nimmt weiteren Aufschwung.

Die Hauptstadt Chang'an entwickelt sich zu einer Metropole, die auf dem Erdball ihresgleichen sucht. Die breiten Straßen, die Wohnquartiere, die Kanäle bersten vor Leben. Eine Million Menschen leben nun dort – zur selben Zeit verfallen im Abendland die römischen Bauten, und kaum eine Stadt hat mehr als ein paar Tausend Einwohner.

Es gibt Bäcker und Fleischer, Schneider und Färber, Schreiner und Maurer; wer ein Fest plant, ordert beim Lieferservice, wer sich um die Zukunft sorgt, befragt den Wahrsager, wer eine Frau fürs Leben sucht,

EINE GRAZIÖSE MÖRDERIN
Anmutig senkt Kaiserin Wu den Blick in dieser Darstellung, die sie zusammen mit einem späteren Herrscher zeigt. Chronisten beschreiben sie als Frau mit dem „Herz einer Schlange" und der „Natur eines Wolfes". 45 Jahre stand sie an der Spitze des Reiches, 15 davon als Kaiserin.

geht zum Heiratsvermittler, und wem die Dame für die Nacht reicht, der geht zur „ji" – zur „Tänzerin". Zahlreiche Wirtshäuser halten nicht nur Reis- oder Hirsewein für die Durstigen bereit, sondern auch Frauen zur Zerstreuung. Dabei sind die „Tänzerinnen" weit mehr als sexuelle Dienstleister. Sie sollen den Gast mit Gesang und Tanz erfreuen, mit ihm geistreich plaudern oder Gedichte rezitieren. Erst dann folgt der Liebesakt.

Um das Leben in der Großstadt zu ordnen, haben die Kaiser klare Regeln erlassen. Jedes der Wohnquartiere ist von einer eigenen Mauer umgeben, deren Tore abends geschlossen werden. Nachts herrscht Ausgangssperre, erst bei Sonnenaufgang verkünden 3000 Trommelschläge wieder die Öffnung aller Tore. Dennoch bereiten einige Jugendliche den Behörden immer wieder Probleme. Mehrmals werden in Polizeiberichten „Halbstarke" oder „Müßiggänger" erwähnt, die unbescholtene Bürger in Angst und Schrecken versetzen. Ihre Köpfe sind kahl geschoren, Arme und Körper tätowiert; ein besonders Aufmüpfiger, so vermerkt

Bronzespiegel, Tang-Dynastie

Mittlere Kaiserzeit

IN CHINA					
581–618 Aufstieg und Niedergang der Sui-Dynastie	**618** Machtübernahme der Tang-Dynastie. Einigung des Reiches nach Jahrhunderten der Spaltung	**653** Früheste überlieferte Sammlung von Gesetzestexten	**690–705** Herrschaft der Kaiserin Wu Zetian	**712–756** Blütezeit von Tang-China unter Kaiser Xuanzong	**755–763** Rebellion des Provinzkommandeurs An Lushan

ÜBRIGE WELT						
Um 570 Ende der Völkerwanderung in Europa	**632** Tod des Propheten Mohammed	**732** Die Franken unter Karl Martell stoppen bei Poitiers den Vormarsch der Araber nach Nordeuropa	**750** Unter der Abbassiden-Dynastie wird Bagdad Zentrum der arabischen Welt	**793** Der Beginn der Wikingerraubzüge	**800** Kaiserkrönung Karls des Großen	**843** Vertrag von Verdun: Aufteilung des Karolingerreiches unter den Erben Karls des Großen

ein Protokoll, hat sich sogar auf den linken Arm tätowieren lassen: „Im Leben fürchte ich nicht den Hauptstadtpräfekten."

Leben die einfachen Bürger in kleinen Holzhäusern mit papierverklebten Fenstern, die weder Kälte noch Wind abhalten, hat sich die Elite Paläste gebaut mit geschwungenen Dächern. Man imitiert ausländische Kleider, sitzt beim Speisen nicht mehr auf dem Boden, sondern wie im Westen auf Stühlen an Tischen, man erfreut sich an dem aus Persien stammenden Polospiel, sogar eine Art Fußball hat unter Soldaten und Beamtenanwärtern seine Anhänger; ja, Chang'an ist der Schmelztiegel, das New York des 8. Jahrhunderts.

IN DIESER METROPOLE ALSO HERRSCHT DIE MÄCHTIGSTE FRAU der Welt, die Kaiserin Wu. Und einmal an der Spitze des Reiches, denkt sie nicht daran, wieder abzutreten. Skrupellos schlägt sie alle Revolten nieder, hält Chinas Nachbarn in Schach, reformiert nebenher noch Beamtenauswahl und Verwaltung, und erst im Jahre 705 – da siecht sie, fast

Karawanenführer auf Kamel

Song-Kaiser Taizu

Dschingis Khan

907 Zusammenbruch der Tang-Dynastie und Zerfall des Reiches in fünf Teile	**960** Die Song begründen eine neue Dynastie, einen das Reich	**1023** Erstes Papiergeld	**1041** Erfindung des Drucks mit beweglichen Lettern	**1211** Mongolen-Feldzüge im Norden 1227. Tod Dschingis Khans	**1279** Der letzte Song-Kaiser begeht Selbstmord. Die Mongolen beherrschen ganz China

955 Sieg Ottos des Großen über die Ungarn auf dem Lechfeld	**1054** Spaltung zwischen römischer und griechisch-orthodoxer Kirche	**1096-1099** Erster Kreuzzug	**1215** Magna Carta – der König gewährt dem englischen Adel grundlegende politische Freiheiten	**um 1200** Beginn der Hochgotik	**1250-1273** Interregnum. Kaiserlose Zeit im Heiligen Römischen Reich

Knapp 300 Jahre lang, von 618 bis 904 n. Chr., war Chang'an Zentrum der Regierungsmacht. Mehr als eine Million Menschen lebten zeitweise in den symmetrisch angeordneten Wohnquartieren. Eine 37 Kilometer lange Stadtmauer umfasste das Areal.

Tor der Leuchtenden Tugend
Haupteingang in die Stadt

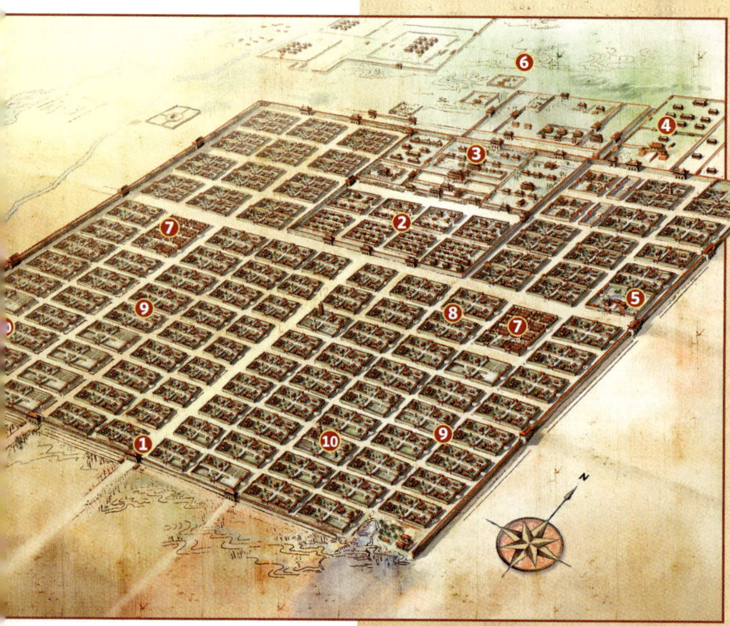

❶ Tor der Leuchtenden Tugend
Vom Haupteingang in der Südmauer führte die 150 Meter breite und 5 Kilometer lange Hauptstraße direkt zum Regierungs- und Palastviertel.

❷ Die Kaiserstadt
Sitz der Regierung und staatlicher Einrichtungen. Sechs Ministerien und 1300 Beamte waren für die Weiterleitung der kaiserlichen Befehle an die Präfekturen im Land zuständig. 30 000 Soldaten der kaiserlichen Garde sorgten für Sicherheit.

❸ Die Palaststadt
Mit Wohnpalästen, Küchen, Bekleidungshäusern, Schatzkammern, Tempeln und Speichern war der Wohnsitz des kaiserlichen Hofstaats eine Stadt in der Stadt. Die Pracht sollte ausländischen Besuchern die Sprache verschlagen, sie wurden in Thronsaal und Audienzhallen empfangen.

❹ Palastanlage auf dem Drachenkopfhügel
Im 7. Jahrhundert ließ der Kaiser eine neue Residenz auf der Anhöhe vor der Stadt anlegen. Die alte Wohnstadt war feucht und für den Hofstaat zu eng geworden. Für den Bau der 30 Gebäude

entsteht die erste **Millionenstadt**

❺ Palast des Aufsteigenden Glücks
Wohnsitz des Kaisers Xuanzong

❻ Der Verbotene Park
Grünflächen, Fischteiche, Gemüsebeete, Plantagen und ein Jagdrevier waren der kaiserlichen Familie vorbehalten.

❼ Ost- und Westmarkt
In zwei jeweils etwa 95 Hektar großen ummauerten Vierteln wurden in rund 6000 Läden Dinge des täglichen Bedarfs verkauft. Es gab Gasthäuser, Imbissbuden, Pfandleihen, Drogisten, Handwerker, Wein- und Kleiderhändler. Der Westmarkt war gleichzeitig Richtplatz.

❽ Vergnügungsviertel
Hier gab es Wirtshäuser, Billigbordelle und Unterkünfte der bessergestellten Kurtisanen. Sie waren die Einzigen, die außer dem Adel des Kaiserhauses Seidenkleider tragen durften.

❾ Wohnquartiere
11 Straßen in Nord-Süd-Richtung und 14 Querstraßen erschließen die 110 Wohnviertel der Stadt. Die ummauerten Quartiere hatten Innenhöfe und Brunnen.

❿ Tempel und Klöster
Buddhismus und Daoismus waren weit verbreitete Religionen. Über 100 buddhistische Klöster lagen innerhalb der Stadtmauern. Viele persischstämmige Einwohner waren Anhänger des Mazdaismus, Manichäismus oder nestorianische Christen. Auch ihnen wurde der Bau von Tempeln und Kirchen gestattet.

mussten Beamte ein Monatsgehalt spenden. In allen Provinzen wurden Sondersteuern erhoben. Größter Palast war die **Halle des Ursprünglichen Prinzips.**

Halle des Ursprünglichen Prinzips für Staatsempfänge, Krönungen und Geburtstagsfeiern des Kaisers

infografik: Torben Kuhlmann, Cyprian Lothringer; Recherche/Text: Klaudia Thal; Quellen: V. C. Xiong Sui-Tang Chang'an, Michigan 2000; T. Thilo, Chang'an, Wiesbaden 1997; D. Kuhn (Hrsg.), Chinas Goldenes Zeitalter, Dortmund 1993

80-jährig, auf dem Totenbett dahin – wagt man, sie abzusetzen. Als schließlich ihr Enkel Xuanzong 712 den Kaiserthron besteigt, stehen die Dinge gut für das Reich der Mitte. Unter Xuanzong erblüht China weiter. Vor allem das höfische Leben hat es ihm angetan. Der Kaiser lädt zu opulenten Banketten, hält sich 3000 Eunuchen, 40 000 Haremsdamen – und eine Truppe von Pferden, die zu Musik tanzen können.

Um das Geistesleben zu fördern, richtet er eine Dichterakademie ein, an der unter anderem Li Bai tätig ist, einer der bekanntesten Lyriker der chinesischen Geschichte. Der Schreiber steht dem sinnenfrohen Kaiser in nichts nach, vor allem dem Fruchtwein spricht Li Bai gerne zu. Einmal, so rühmt ihn eine Anekdote, wird er vom Kaiser gerufen, als er gerade im Wirtshaus seinen Rausch ausschläft. Mit kaltem Wasser wach gemacht, ist der offenbar geübte Zecher aber immerhin fähig, den vom Kaiser gewünschten Text niederzuschreiben, „ohne dass ein Punkt hinzuzufügen wäre".

AUCH MILITÄRSTRATEGISCH IST XUANZONG AMBITIONIERT. Anstatt alle Entscheidungen in Chang'an zu treffen, überträgt er den Kommandeuren in den Grenzprovinzen weitreichende Vollmachten. Wie es zunächst scheint, ein richtiger Schritt. Die Militärs können flexibel auf Bedrohungen reagieren, und das Riesenreich erlebt eine Zeit des Friedens. Nach und nach aber mehren die Kommandeure ihre Macht, werden selbstbewusst, und so kommt es schließlich, dass der selbstbewussteste von ihnen, An Lushan, mit mehreren Zehntausend Mann bedrohlich rasch auf die Hauptstadt zumarschiert, während der alte Kaiser Xuanzong an diesem Sommerabend des Jahres 756 in den verwaisten Hallen seines Palastes verzweifelt überlegt, wie er dem Rebellen aus dem Nordosten begegnen soll.

Als es dunkel wird, hat Xuanzong seine Entscheidung getroffen. Er wählt treue Soldaten aus und gibt ihnen Gold und Seide. Dann lässt er 900 frische Pferde bereit machen. Am nächsten Morgen wollen seine Beamten wie gewohnt zur Audienz. Doch der Thronsaal ist verschlossen. Als die Wachen endlich den Weg freigeben, erblicken sie ein Chaos. Die

FLUCHT INS VERDERBEN

Kaiser Xuanzong und seine Konkubine besteigen die Pferde. Sie wollen sich vor Rebellen in Sicherheit bringen. Um die Dynastie zu retten, opfert der Imperator später die Geliebte.

Palastdiener rennen hektisch umher – doch von Xuanzong fehlt jede Spur. Der Kaiser ist geflohen!

Mit ein paar Tausend Beamten, Soldaten und Verwandten zieht der Kaiser gen Südwest. Ziel ist die Stadt Chengdu, wo er einen Exilhof installieren will. Doch seine Soldaten werden schnell mürrisch und meutern schon am zweiten Tag der Flucht. Zwar kann der Kommandant die Männer wieder beruhigen, aber sie verlangen, dass der Kaiser seine erste Konkubine Yang Guifei tötet; man verdächtigt sie der Intrige mit den Feinden. Yang Guifei ist die Liebe der alten Tage des Kaisers, erst mit 60 Jahren hat er die – dem Schönheitsideal entsprechend – eher beleibte Frau zu seiner Favoritin erklärt. Allein: Ihm bleibt keine Wahl. Er befiehlt seinem Chef-Eunuchen, sie in einen Tempel zu geleiten und zu erwürgen. Nach 18 Tagen endlich erreicht der Kaiser mit nur noch 1300 Getreuen Chengdu. Wenige Tage später dankt er ab. 44 Jahre lang hat Xuanzong geherrscht, war sein Hof geistiger und kultureller Mittelpunkt der fernöstlichen Welt. Jetzt ist er ein alter und gebrochener Mann. Eine der imposantesten Regentschaften der chinesischen Geschichte ist zu Ende.

Zwar ist An Lushans Rebellion nicht von Dauer, zwar hat die Tang-Dynastie ein paar Jahre später das Zepter wieder in Händen, doch können die Nachfahren der Kaiserin Wu und des Kaisers Xuanzong nicht an den Glanz ihrer Ahnen anknüpfen. Wirtschaftskrisen, Hungersnöte, Bauernaufstände und Rebellionen lösen einander ab. Auch die Hauptstadt Chang'an zerfällt langsam, bis sie nach einer Belagerung, so erdrü-

Der Venezianer am Hof des Khans – so stellten es sich italienische Historienmaler vor.

Marco Polo
Weltenbummler oder Lügenbaron?

Genua 1298. Zwei Männer sind zusammen in Kriegsgefangenschaft. Sie haben auf Seiten Venedigs im Seekrieg gegen Genua gekämpft. Die Tage verstreichen nutzlos, ein Ende der Haft ist nicht in Sicht. Da beginnt der eine, ein Kaufmann namens Marco Polo, seinem Mithäftling zum Zeitvertreib Geschichten zu erzählen, von fernen Ländern und prächtigen Städten. Der andere, Rustichello, außerhalb der Kerkermauern Autor von Ritterromanen, lauscht fasziniert – und schreibt das Gehörte noch während der Haft auf. „Die Wunder der Welt" wird zum „Bestseller".
Lange Zeit prägt das Buch über Marco Polos Reise nach China das Asienbild der Europäer. Doch ist die Anekdotensammlung vielleicht nur der „kolossalste Schwindel der globalen Entdeckergeschichte"? Dieses Urteil fällt zumindest der renommierte deutsche Geograf Dietmar Henze. Er ist nicht der Erste, der am Denkmal des berühmtesten aller China-Touristen rüttelt. Schon zu Lebzeiten nennt man Marco Polo einen Prahlhans. Allzu fantas-

tisch klingen die Berichte vom unermesslichen Reichtum am Hofe Kublai Khans, in dessen Auftrag er 17 Jahre lang China bereist haben will. Sicher indes ist nur: Im Frühsommer 1271 verlässt der 17-jährige Marco Polo mit Vater und Onkel Venedig per Schiff in Richtung Osten. Die Kaufleute reisen unter dem Schutz des Papstes. Nach dem Heiligen Land aber verliert sich die Spur der Reisenden.

Seit mehreren Jahrzehnten tobt nun der Streit um Marco Polos Glaubwürdigkeit. Ein wichtiges Argument der Zweifler: In chinesischen Quellen wird der Besuch des Venezianers mit keinem Wort erwähnt. Außerdem sind die geografischen Angaben oft unpräzise, manchmal schlichtweg falsch.

Kam Marco Polo womöglich nur bis zum Schwarzen Meer und hat den Rest aus Berichten anderer zusammenfabuliert? Diese These vertritt die britische Historikerin Frances Wood. Ihr fiel auf, dass manches landestypische Detail vom sonst so erzählfreudigen Marco Polo einfach verschwiegen wird: Warum berichtet er so ausführlich vom chinesischen Papiergeld, verliert aber kein Wort übers Teetrinken? Wieso beschreibt er manche Brücken bis auf den Stein genau, nicht aber die Große Mauer? Die Antwort der Pro-Polo-Fraktion: Weil die eben damals nur ein Schutthaufen war. So klingen die Argumente derer, die Polo glauben, genauso schlüssig wie jene der Gegenseite: Ungenauigkeiten im Bericht? Kein Wunder, schließlich rekonstruierte Marco Polo 17 Jahre seines Lebens allein mithilfe handschriftlicher Notizen; zudem verstanden Kopisten und Übersetzer manches falsch oder schmückten es nach Zeitgeschmack aus. Lücken bei den Landessitten? Marco Polo war nun mal kein Reiseromancier, sondern Kaufmann. Er wollte keine touristischen Kuriositäten weitergeben, sondern Informationen, die späteren Handlungsreisenden das Geschäftemachen in Asien erleichtern würden. Geeinigt haben sich die Wissenschaftler bis heute nicht – außer in einem Punkt: der sensationellen Wirkung des Buches. Wie kein anderer weckte Marco Polo das Interesse der Europäer für Asien.

infografik: Axel Kock; Recherche: Klaudia Thal; Quelle: Geo Epoche; Putzger Historischer Weltatlas; Th. Höllmann, Die Seidenstraße, München 2004

ckend, dass sogar Menschenfleisch auf den Märkten gehandelt wird, in den kalten Wintertagen des Jahres 904 aufgegeben wird. Drei Jahre später zerbricht die Herrschaft der Tang – und damit auch wieder die Einheit Chinas.

Erst nach Jahrzehnten gelingt es einem ehemaligen Palastkommandanten, das Reich erneut zu einigen und eine neue große Dynastie zu gründen. Der Kommandant regiert ab 960 als Kaiser Taizu, seine Dynastie ist jene der Song.

Und fast, als ob die zwei Jahrhunderte seit dem schmählichen Ende des alten Kaisers Xuanzong nur eine notwendige Atempause gewesen wären, so führen die Kaiser der Song China wieder zu neuem Glanz. Nicht mehr als Militärmacht, aber doch als Wirtschaftsgigant.

60 Millionen Menschen leben um die Jahrtausendwende in China. Mitte des 12. Jahrhunderts sind es schon 80 bis 100 Millionen. Es ist eine neue Zeit des Wachstums und vor allem eine der Innovation.

Während Europa eben erst aus den düsteren Tagen des Frühmittelalters getreten ist, während in der größten deutschen Stadt Köln gerade mal 20 000 Menschen hausen, sich langsam die einfache Dreifelderwirtschaft durchsetzt und der Machtkampf zwischen Kaiser und Papst das Heilige Römische Reich lähmt, beginnen 8500 Kilometer weiter östlich chinesische Ingenieure, den Boden mit moderner Grabungstechnik nach seinen Schätzen zu durchsuchen.

DIE HÄRTE DER MONGOLEN

Dschingis Khan lässt beim Kampf um China einen Gefangenen auspeitschen, dessen Augen verbunden sind.

Im Südwesten Chinas brechen sie von hohen Holztürmen aus die felsige Erde mit gusseisernen Bohrern auf, kleiden die Bohrlöcher mit Bambusrohren aus, kippen Wasser hinein, pumpen die Brühe ab, bohren weiter, bis sie schließlich auf Salz stoßen. Manche dieser Löcher sind bis zu 1500 Meter tief. Und selbst Brennstoff gewinnen die Ingenieure tief aus der Erde. Über hölzerne Leitungen wird Methan nach oben geleitet, in Kammern auf das richtige Mischungsverhältnis gebracht und über Pipelines in die Dörfer zu Kochstellen geleitet.

Um die Anbaufläche zu erweitern, konstruieren die Bauern schwimmende Felder: hölzerne Flöße, die mit Schlamm,

人 山 火 火山

Mensch Berg Feuer Vulkan

Chinesische Schrift
Bilder, die zu Zeichen wurden

Ganz anders als unsere Schrift, in der Wörter aus einzelnen Buchstaben gebildet werden, verwendet die chinesische Schrift eine Folge von Zeichen, die für Silben oder ganze Wörter stehen. Entstanden sind sie aus Piktogrammen, abstrahierten Bildern der Dinge. So verweist das Zeichen für **Mensch (Ren)** auf das besondere Merkmal des Menschen, seinen aufrechten Gang: Wie gespreizte Beine sehen die beiden Striche aus. Ähnlich der **Berg (Shan)**: Wie drei Gipfel recken sich die drei Striche in den Himmel. Das **Feuer (Huo)** ist eine nach oben züngelnde Flamme mit zwei Funken an den Seiten. In der Zusammensetzung wird aus Feuer und Berg der **Vulkan (Huo Shan)**. Obwohl die Zeichen bis zu 6000 Jahre alt sind, lassen sich auch moderne Begriffe ausdrücken: Kinofilm heißt elektrische Schatten (Dian Ying), Computer heißt elektrisches Gehirn (Dian Nao). Dian, elektrisch, leitet sich von Dian für Blitz her. Insgesamt gibt es heute 54 678 Zeichen. Davon sind im Alltag etwa 3500 gebräuchlich. Aber selbst damit wäre jede Tastatur überfordert. Am Computer schreiben Chinesen daher Pinyin, die Umschrift des Hochchinesischen in lateinischen Buchstaben. Man tippt zum Beispiel die Silbe „ma" ein, auf dem Bildschirm erscheinen die dafür möglichen Schriftzeichen samt ihrer Bedeutung, von Mutter bis Pferd, und man wählt das Gewünschte aus. Das funktioniert ähnlich wie die Wortfindungsprogramme beim Handy-SMS. Viele Chinesen sind damit schneller als westliche Tipper.

Da die chinesischen Zeichen keine alphabetische Ordnung haben, behelfen sich Kaufleute beim Sortieren ihrer Kundendateien mit dem Pinyin-Alphabet. Auch Branchenbücher sind so geordnet, andere Telefonbücher gibt es ohnehin nicht. Bei der Olympia-Eröffnung werden die Nationen alphabetisch geordnet marschieren, nach Ländernamen in amerikanischem Englisch, der offiziellen Sprache des IOC. Chinas Schrift hat trotz ihrer Nachteile im Zusammenwirken mit anderen Schriftsystemen Bestand. Sie war Kulturexport nach Japan und Korea, und sie diente in der Geschichte maßgeblich zur Einigung des Riesenreiches. Obwohl in Teilen des Landes verschiedene Sprachen gesprochen werden, sind die Zeichen überall verständlich – übersprachlich, eben weil sie Bilder sind.

Erde und Wurzeln bedeckt sind. Darauf pflanzen sie Reis. Einige der Felder sind bis zu 150 Meter lang, besiedelt von mehreren Familien. Sogar Wirtshäuser, so berichtet ein reisender Beamter, habe es auf diesen künstlichen Inseln gegeben. Den Reis verschickt man auf Lastkähnen, die bis zu 600 Tonnen fassen, man zahlt mit papierenem Geld. Anderenorts werden riesige Mengen Eisen verhüttet, philosophische Bücher in hohen Auflagen gedruckt, bei der Orientierung auf See hilft der Kompass und bei jener in der nächtlichen Stadt die Beleuchtung mit Lampions. Selbst eine neue Millionenstadt gibt es wieder, ihr Name ist Kaifeng, und wie einst Chang'an ist sie Mittelpunkt des Reiches.

Alles scheint auf eine Blütezeit hinauszulaufen, auf eine Wiederholung der goldenen Jahrzehnte des Kaisers Xuanzong – wüchse nicht mit jedem neuen Kaiser die Gefahr an den Grenzen. Und würde nicht die fehlende militärische Stärke hinter dem Wirtschaftswunder immer deutlicher. Schon Mitte des 12. Jahrhunderts geht der nördliche Teil des Reiches verloren. 1279 dann ertränkt sich der letzte Kaiser aus der Reihe der Song während einer Seeschlacht, und mit ihm geht das glanzvolle China der mittleren Kaiserzeit unter, das China von Tang bis Song. Fremde Herrscher regieren nun auf dem Thron des Himmelssohnes, Reiter aus dem Norden, begierig nach Macht und Land. Ein Weltreich wollen sie schaffen. Viele Jahrzehnte lang werden sie in China herrschen. Es sind die Mongolen.

Auf dem Sprung zum Imperium

In der Zeit der Ming-Dynastie entfaltet China seine ganze Pracht. Das mächtigste Land Asiens hat die Mongolen zurückgeschlagen. Der Hof importiert Konkubinen aus Korea und bedenkt seine Besucher mit üppigen Geschenken. Kaiser Yongle lässt die gewaltigste Flotte der Welt bauen. Damit erkundet Admiral Zheng He selbst Afrika. 200 000 Arbeiter errichten die Verbotene Stadt und ihre 9999 Räume.

EIN WANDERNDER FELDHERRNHÜGEL

Von einem Zelt auf dem Rücken von vier Elefanten aus dirigiert Kubilai, ein Enkel Dschingis Khans, seine Truppen. So stellte sich ein Kupferstecher aus Weimar im 18. Jahrhundert die Kriegsführung der Mongolen vor.

Wer sich den Mongolen nicht ergibt, wird **vernichtet**

Die Pflichten des Himmelssohns enden auch am Abend nicht: Nach dem Nachtmahl gibt der Kaiser bei seinem Chef-Eunuchen noch eine besondere Bestellung auf. Die Auswahl ist groß. Auf einem Silbertablett sind kleine Schilder aus Jade angerichtet, darauf stehen die Namen der kaiserlichen Konkubinen. Hunderte junger Frauen verbringen ihr Leben in Wartestellung, sie schmücken und schminken sich, hüllen sich in Seide, und sie sind doch wie gefangen im „Palast der Himmlischen Reinheit". Sie dürfen mit niemandem sprechen und den Hof nicht verlassen. Nur den Eunuchen begegnen sie dann und wann. Die treffen für den Abend eine Vorauswahl.

Der Kaiser studiert die Schilder und dreht anschließend ein Jadeplättchen um. Eilig trifft der Eunuch die Vorbereitungen. Er holt die Dame aus dem Harem, er zieht sie aus, badet sie, enthaart sie, und er hüllt sie nackt in ein Gewand aus Federn, damit sie keine Waffe in ihren Kleidern verstecken kann. Auf dem Rücken trägt er sie durch die Palastflure und liefert sie im kaiserlichen Schlafgemach ab. Schließlich wartet er eine Weile vor der Tür. Der Kaiser darf rasch entscheiden, ob die Konkubine von ihm schwanger werden soll. Falls nicht, leitet der Eunuch eine Kräuterbehandlung ein. Es ist jeden Abend das Gleiche – aber kein Spiel. Kaiser Yongle leistet Dienst an seinem Reich.

Denn ein Kaiser darf nicht schwach sein, und Männer brauchen Sex zur Erhaltung der Lebenskraft, glauben die Ärzte am Hof. Nur Sex verhindere Krankheit und Schwäche. Vor allem Männer über 40 bedürfen der anstrengenden Vitaltherapie. Natürlich müsse es besonderer Sex sein, damit er auch wirke, so die Gelehrten. Sex sei ein Kampf zwischen Yang und Yin, männlich und weiblich, und nur wer besondere Harmonie erreiche, dem gelinge Yang-Sex. Junge und schöne Frauen seien für diese höhere Stufe besonders geeignet, lautet die Erkenntnis des Expertenrates am Hof.

WILDES GEMETZEL

Seit dem 13. Jahrhundert waren die Mongolen immer wieder in China eingefallen, hatten die Bevölkerung massakriert und schließlich das Land erobert.

KRÄNKELND UND KINDERLOS

Yongle, dem dritten Kaiser der Ming-Dynastie, empfahlen die Ärzte als Therapie eine Schiffsladung koreanischer Jungfrauen.

Nach Yang-Sex mit 93 Frauen lockt zur Belohnung Unsterblichkeit – ein ehrgeiziges Ziel. Selbst die gottgleichen Herrscher im Reich der Mitte erreichen es nicht.

Und Kaiser Yongle ist ein besonders schwerer Fall. Er ist über 40 Jahre alt, kinderlos, kränkelnd. Gegen die chronische Schwäche empfehlen die Ärzte zur Therapie eine Schiffsladung koreanischer Jungfrauen, die im China der Ming-Dynastie berühmt sind für ihre Schönheit. Die Mädchen für den Harem herbeizuschaffen ist kein Problem, denn der chinesische Hof unterhält gute diplomatische Beziehungen zu Taejong, dem König von Korea. Manchmal bestellen die Chinesen auch Ochsen, Leoparden oder Pferde bei den Koreanern. Im Jahre 1408 sucht ein Hof-Eunuch mit Erlaubnis des koreanischen Königs für seinen Herrscher 300 Koreanerinnen aus. Im Jahr darauf wird der Frauenimport noch einmal wiederholt, wegen positiver Auswirkungen auf die kaiserliche Gesundheit.

CHINA KANN SICH FAST ALLES ERLAUBEN. Anfang des 15. Jahrhunderts ist es das mächtigste Land Asiens, reich an Schätzen und Einfluss. Yongle, dritter Kaiser der Ming-Dynastie, ist vielleicht der kriegerischste dieser Epoche. Seinen Neffen, den rechtmäßigen Erben, jagte er vom Thron und ließ dessen Angehörige, Konkubinen und Berater massakrieren. Später fallen seine Armeen in der Mongolei ein, dann in Tibet und im heutigen Vietnam. Das Reich wächst unaufhörlich.

Als Wirtschaftspartner ist China beliebt. Das Land hat prächtige Seide zu bieten und feines, blau-weißes Porzellan, Sandelholz und Jade, Bronze, Gold und Silber, farbige Gewänder und Lackwaren, Heilmittel, Bücher, Musikinstrumente. Beim Handel ist der kaiserliche Hof nicht einmal auf Profit bedacht. Kaufleute gelten schon seit Konfuzius als Schmarotzer, zumal wenn sie reich und erfolgreich sind. Mit anderen Ländern werden Waren deshalb wie Geschenke getauscht: Korea schenkt, um dem Kaiser zu huldigen – und China antwortet mit Gegengeschenken zum Dank. Chinas Gaben fallen dabei meistens großzügiger aus als die Aufmerksamkeiten der fremden Herrscher. Für den Hof ist der Austausch oft ein klares Minusgeschäft. Doch das interessiert den Kaiser nicht: Er kauft sich die Unterwerfung der anderen Regenten. Alle sollen wissen, wie mächtig sein Reich wieder ist.

Zuvor hielten die Mongolen China fast hundert Jahre besetzt. Anfang des 13. Jahrhunderts stürmten Dschingis Khan und seine Reitersoldaten über die Grenze im Norden, brachten Tod und Angst und auch das Gefühl der Scham. Denn eigentlich, so glaubte der kaiserliche Hof, waren die Fremden ihnen in allem unterlegen. Die Militärtaktik der Reiter war simpel: Wer sich nicht ergibt, wird vernichtet. „Wie könnten die Barbaren die Chinesen regieren?", fragt ein Chronist später fassungslos. „Ich befürchte, dass das Herzland schon längst durch den Gestank von Hammelfleisch besudelt wurde."

DSCHINGIS KHANS ERBE

Unter Kubilai Khan blühten die Künste, aber die Mongolen brachten auch die Pest ins Land.

In China wussten Astrologen alles über die Konstellationen der Sterne, Physiker konstruierten Kompasse, Handwerker webten Seide und druckten die Verse der Gelehrten auf Papier, selbst einfache Beamte beherrschten die Worte des Konfuzius auswendig. Und dennoch hatte die Kulturmacht Niederlage um Niederlage erlitten – gegen einen Mann, der nicht lesen konnte und in einfachen Jurten hauste.

Dschingis Khan und seine Nachfolger eroberten die Länder vom Japanischen bis zum Schwarzen Meer, von Kiew bis zur Mandschurei. Dabei lebten im Mongolenreich nur ein paar Millionen Menschen. Sein Enkel Kubilai krönte den Erfolg – er unterwarf ganz China und fügte dem Hof ein Trauma zu, das noch Jahrhunderte später schmerzen sollte.

DIE REITERTRUPPEN AUS DER MONGOLEI PLÜNDERTEN, verwüsteten, töteten zahllose Menschen. 1215 fackelten sie Peking ab, die Stadt brannte einen Monat lang. Insgesamt legten sie 90 Städte in Trümmer, in manchen ermordeten sie sämtliche Einwohner. Sie vernichteten Vorräte, stahlen Pferde, nahmen die Waffen mit. Der kaiserliche Hof, der wie so oft in wirre Beamtenintrigen verstrickt war, konnte den feindlichen

Überfällen kaum etwas entgegensetzen. In ihren Satteltaschen, die von Flöhen übersät waren, schleppten die mongolischen Krieger auch die Erreger der Pest ins Land. Die Seuche fegte ganze Landstriche leer. Im Jahre 1290 hatte sie die chinesische Bevölkerung auf etwa 60 Millionen Einwohner halbiert. Selten war das Reich der alten Kaiser so schwach gewesen.

Mongolische Adlige und Feldherren übernahmen die Regierungsgeschäfte. Sie konfiszierten Ackerland oder legten den Bauern so hohe Steuern auf, dass die Feldarbeit zur Sklavenarbeit verkam. Es dauerte ein paar Jahrzehnte, bis sich die Wirtschaft Nordchinas wieder erholte.

Doch die Barbaren ließen auch aufbauen: Auf den Trümmern Pekings entstand Dadu, die Hauptstadt der Yuan-Dynastie. In die weitläufigen Paläste mochten die mongolischen Prinzessinnen jedoch nicht einziehen, stattdessen stellten sie im Hof ihre Jurten auf. Die Sommer verbrachten die Eroberer ohnehin am liebsten zu Hause in der Steppe. Die chinesische Kultur aber verdrängten die Mongolen nicht. Während ihrer Herrschaft erblühten die Künste sogar: Malerei, Poesie und Kalligrafie.

1368 VERJAGTEN DIE CHINESEN DIE VERHASSTEN BESATZER. Ein buddhistischer Bettelmönch, der aus einer verarmten Bauernfamilie stammte und Zuflucht in einem Kloster gesucht hatte, organisierte eine Verteidigungsarmee und ernannte sich selbst zum ersten Kaiser der Ming-Dynastie. Doch die demütigende Okkupation durch die Mongolen vergaßen die chinesischen Eliten nie.

Kaiser Yongle, der dritte Kaiser der Ming-Dynastie und Liebhaber koreanischer Jungfrauen, will den Ruhm seines erstarkten Reiches deshalb verbreiten lassen, wo immer es geht. Er ist überzeugt davon, dass China allen überlegen ist – und das will er der Welt nun beweisen. Er möchte den Tributhandel ausbauen. Aber wie sollen seine Gesandten und Soldaten, seine Kundschafter und Schriftgelehrten die fremden Reiche und Fürstentümer erreichen? Der Landweg, etwa über die Seidenstraße, ist wegen dauernder Kämpfe unter Reitervölkern kaum noch passierbar. Also setzt er einen revolutionären Plan in die Tat um: Kaum ist er Kaiser, lässt er in Nanjing im Süden des Landes eine Flotte bauen, so prächtig und riesig, wie sie die Welt noch nie gesehen hat.

Die Bewohner des Reiches müssen eine Sondersteuer zahlen für das ehrgeizige, fast größenwahnsinnige Projekt. In Rekordzeit entstehen sieben riesige Trockendocks. Innerhalb von nur drei Jahren zimmern 30 000 Werftarbeiter insgesamt 1681 Schiffe. Zheng He, ein Vertrauter des Kaisers, wird Admiral und Kommandeur der Flotte. Mehr als 80 Jahre vor dem Portugiesen Vasco da Gama erkunden die Chinesen die Ozeane von Ostasien bis zur Ostküste Afrikas.

Es ist ein klarer Tag in der Küstenstadt Malindi im heutigen Kenia, als sich mit einem Mal der Himmel verdunkelt. Den Fischern, deren kleine Boote vor den Stränden dümpeln, kommt es vor, als rückte eine schwarze Wetterfront auf ihr Land zu.

Und das Spektakel auf dem Meer wird noch bedrohlicher. Bald ist zu erkennen, was wirklich von Osten naht. Dutzende Segelschiffe bewegen

Mongolenherrschaft und Ming-Dynastie

Ming-Vase

IN CHINA					
1215 Dschingis Khan erobert Peking	**1279** Kubilai Khan, Enkel von Dschingis Khan, wird erster chinesischer Kaiser der Yuan-Dynastie. China unter Mongolenherrschaft	**Ab 1300** Blüte der Literatur, erste realistische Sittenromane, erste Dramen	**1330–1354** Die Pest wütet in China	**Um 1350** Herstellung von feinem, weiß-kobaltblauem Porzellan	**1368** Der buddhistische Bettelmönch Zhu Yuanzhang erobert die Hauptstadt, Vertreibung der Mongolen. Beginn der Ming-Dynastie

ÜBRIGE WELT						
Ab 1248 Der Kölner Dom wird gebaut	**13. Jahrhundert** Die Hanse wird zu einer Handelsvereinigung der Städte	**Um 1305** Dante schreibt „Die Göttliche Komödie"	**1339** Hundertjähriger Krieg zwischen England und Frankreich	**1348** Erste deutschsprachige Universität in Prag	**1347–1352** Pestepidemie in Europa tötet etwa 20 bis 25 Millionen Menschen	**1355** Karl IV. von Luxemburg wird römisch-deutscher Kaiser, fördert Bürgertum, Handel und Gewerbe in den Städten

sich langsam in Richtung Küste wie eine schwimmende Stadt. Die Decks, mehrere Etagen hoch, wirken wie verschachtelte Türme. Darüber wölben sich Segel aus tiefroter Seide, das Holz der Planken ist prächtig bemalt. Trommelschläge dröhnen von Bord.

IM HAFEN LAUFEN DIE NEUGIERIGEN ZUSAMMEN. Was sie sehen, kommt ihnen wie ein Wunder vor. Dutzende Begleitboote flankieren die mächtigen Mehrmaster, die „Reine Harmonie" heißen oder „Fortdauernde Ruhe". An den Bugs prangen aufgemalte Drachenaugen. „Die Schiffe, die die Meere des Südens befahren, sind so groß wie Paläste", schreibt ein chinesischer Zeitgenosse voller Ehrfurcht, „und wenn sie ihre Segel hissen, gleichen sie gewaltigen Wolken am Himmel." Zheng He, der „Dreifache Ehrenkommandeur", hat zwar eine Abordnung Dolmetscher an Bord, doch um den Fremden vom Reichtum seines Landes zu berichten, muss er eigentlich gar nichts mehr sagen. Die chinesische

Verbotene Stadt

Große Mauer

1415 Erneuerung des Großen Kanals	**1403–1424** Kaiser Yongle. Blüte der Ming-Dynastie	**Ab 1404** Bau der Verbotenen Stadt in Peking	**1405–1433** Seereisen des Zheng He	**1421** Einweihung der Hauptstadt Peking	**Ab 1473** Ausbau der Großen Mauer	**1542–1550** Mongolen dringen erneut von Norden her nach China ein

1377 Der Vatikan wird päpstliche Residenz	**1453** Osmanen erobern Konstantinopel. Ende des Byzantinischen Reiches	**1492** Christoph Kolumbus entdeckt auf seiner ersten Reise Amerika	**1497** Der Portugiese Vasco da Gama findet den Seeweg nach Indien	**Um 1503** Leonardo da Vinci malt die „Mona Lisa"	**1517** Beginn der Reformation durch Martin Luther	**1524/25** Bauernkriege in Süddeutschland	**Ab 1550** Ausdehnung des russischen Reiches unter Iwan dem Schrecklichen

Als Zheng He 13 Jahre alt war, ließen ihn chinesische Soldaten

Flotte ist im Jahre 1417 die größte und reichste der Welt.

Die Chinesen haben große Erfahrung in der Seefahrt. Bereits 200 v. Chr., unter den Kaisern der Han-Dynastie, gelangten Schiffe aus China bis nach Korea. Im 10. Jahrhundert entstanden die ersten Trockendocks, 500 Jahre früher als in Europa. Im 13. Jahrhundert kommandierte der

80 JAHRE FRÜHER ALS VASCO DA GAMA

Eine Statue in der Hafenstadt Nanjing erinnert an den legendären Admiral Zheng He. Zu seinem Expeditionskorps gehörten bis zu 30 000 Mann, unter ihnen allein 200 Ärzte.

damalige Kaiser eine Kriegsflotte von 600 Schiffen mit insgesamt 52 000 Mann Besatzung. Ende des 14. Jahrhunderts ließ der kaiserliche Hof unweit von Nanjing 50 Millionen Bäume für die geplante Hochseeflotte pflanzen.

Die Expeditionen des Zheng He sind bis heute legendär. Wohl kaum eine Flotte der Geschichte ist mit so vielen Mythen behaftet wie seine. Manche Historiker vermuten, die größten Schiffe seien 4- oder gar 13-mal so groß gewesen wie die des Kolumbus. Andere erklären, die Chinesen seien bis ins Eismeer, bis nach Amerika vorgestoßen. Wissenschaftliche Belege dafür fehlen. Die Bedeutung der chinesischen Erkundungsfahrten schmälert das jedoch nicht.

NACHDEM DIE DSCHUNKEN VOR DER AFRIKANISCHEN KÜSTE Anker geworfen haben, lässt sich der Kommandeur auf einem kleinen Beiboot an Land rudern. Admiral Zheng He sieht schon von Weitem furchterregend und imposant aus. Er ist etwa zwei Meter groß und von mächtigem Leibesumfang. Eine ungewöhnliche Karriere liegt hinter ihm. Denn der Mann aus der Provinz stammt von Mongolen ab und ist außerdem muslimischen Glaubens – eigentlich keine gute Voraussetzung, um im China der Ming-Dynastie einen wichtigen Posten zu erlangen. Als Zheng He 13 Jahre alt war, ließen ihn chinesische Soldaten kastrieren. Als Eunuch gelangte er später an den Hof des Prinzen Yongle. Schon bald arbeitete er sich zum Vertrauten des Mannes hoch, der 1403 Kaiser werden sollte. Bereits zwei Jahre später stach Zheng He zum ersten Mal in See.

Ein großartiges Abenteuer begann. Seine Schiffe legten im heutigen Vietnam an, in Thailand, Malaysia, an den Küsten Sumatras und Javas, in Indien und Sri Lanka. Zheng He verhandelte auf den Malediven und der arabischen Halbinsel mit lokalen Fürsten, auf Sumatra mischten sich seine Truppen in einen Krieg ein, in Sri Lanka nahmen sie einen Herrscher gefangen, der sich den Befehlen des Chinesen widersetzte. Immer wieder musste Zheng He in den südostasiatischen Gewässern gegen japanische Piraten kämpfen. Erstmals in der Geschichte war eine Seemacht auf fast allen asiatischen Meeren präsent.

Die Flotte war so groß, dass sich der Himmel

Die Drachenflotte Zwischen 100 und 250 Schiffe gehörten zu einer Expedition, die größte Armada der damaligen Zeit mit bis zu 30 000 Menschen. Transport- und Versorgungsschiffe sowie Einmaster begleiteten die großen Schatz- und Kriegsschiffe. Insgesamt legte die Flotte mehr als 50 000 Kilometer zwischen China und Ostafrika zurück und besuchte dabei etwa 30 Königreiche.

Die Nanjing-Werft* In der Stadt am Jangtse ließ der Kaiser seine Hochseeflotte bauen. Innerhalb weniger Jahre entstanden in sieben Trockendocks unterschiedlicher Größe insgesamt 1681 Schiffe.

Quellen: H.L. Scheuring, „Die Drachenfluß-Werft von Nanking". 1987; S.K. Church, in: „Zheng He, Images & Perceptions" (Hrs. C. Salmon/P. Ptak), 2005

verdunkelte

Sieben Expeditionen unternahm die kaiserliche Armada zwischen 1405 und 1433. Die Reisen dauerten etwa zwei Jahre. Die größten Schiffe der Flotte, die sogenannten Schatzschiffe, waren eine Art schwimmende Vertretung des Hofes zur See. Hier empfing Admiral Zheng He im Namen des Kaisers ausländische Delegationen.

Das Schatzschiff*

Chinesische Quellen sprechen von einem Neunmaster mit über 130 Meter Länge. Neue Forschungen halten 60 Meter für realistisch.

Die Schiffe waren nach dem Vorbild eines Bambusrohres konstruiert: mit einzelnen Kammern und wasserdichten Schotten, die den Schiffskörper stabil und trotz des geringen Tiefgangs auch bei hohen Wellen seetauglich hielten.

✗ infografik: Torben Kuhlmann; Recherche/Text: Klaudia Thal; *Rekonstruktion nach schriftlichen Quellen

Die sieben Reisen dauerten je etwa zwei Jahre. An Deck herrschte Leben wie in den Gassen einer kleinen Stadt. Die Offiziere wohnten in Holzhäusern, Kaufleute hatten in den vier Decks eigene Kojen mit Badezimmer und Abtritt. Sogar ihre Sklaven durften mit auf die langen Reisen. Hühner liefen umher, in Kisten gediehen kleine Kräutergärten. Die kleineren Schiffe beförderten Proviant, Soldaten, Pferde, Trinkwasser. Insgesamt fuhren angeblich 20 000 bis 30 000 Männer mit: Matrosen, Soldaten, Zimmerleute, Schreiner, Köche, Schneider, Segelmacher und Seiler, Astrologen, Meteorologen, außerdem zwei Zeremonienmeister, knapp 200 Ärzte und eine Reihe von Dolmetschern für verschiedene Sprachen. Beamte führten Bücher, Kartografen zeichneten die besuchten Orte präzise in ihre Atlanten ein.

DIE LAGERRÄUME WAREN VOLLGESTOPFT MIT SEIDE, Tee, Kerzen, Bronze und Silber, Eisennägeln und Metallwaren, Lackarbeiten, Sandelholz und Porzellan. Die Kostbarkeiten sollten in der Fremde zum Tausch angeboten werden. „Baochuan", Schatzschiffe, hießen die großen Dschunken deshalb. Auf dem Rückweg füllten sich die Lager mit exotischen Gegengeschenken. Zheng He brachte Pfeffer, Gewürze, Kupfer, Ginseng, Edelmetalle, Leoparden und Schwarzen Bambus nach Nanjing. Auch Heilkräuter und ätherische Öle wurden an Bord genommen. China war nun eine Seemacht, beinahe eine Weltmacht.

Die Expedition nach Malindi 1417 ist die fünfte Reise des Flottenkommandeurs. Das Ziel ist mit Bedacht gewählt. Zwei Jahre zuvor hatten Seeleute von der afrikanischen Küste eine Giraffe mitgebracht. Auch von den Zebras war der Herrscher begeistert: „Himmelspferde" nannte er sie. Nun soll Zheng He nach einem Fabeltier suchen, dem „qilin", einer Art Einhorn, das nach chinesischer Mythologie Unsterblichkeit und Reichtum bringt. Er findet es nicht. Dafür gelingt es ihm, Gesandte mit an Bord seiner Dschunke zu nehmen. Sie sollen dem Herrscher in der Hauptstadt ihre Hochachtung ausdrücken – und dafür belohnt werden mit den Schätzen des Hofes. Gern steigen sie an Bord.

Unterwerfung ist eines der wichtigsten Gesetze in den Palaststädten

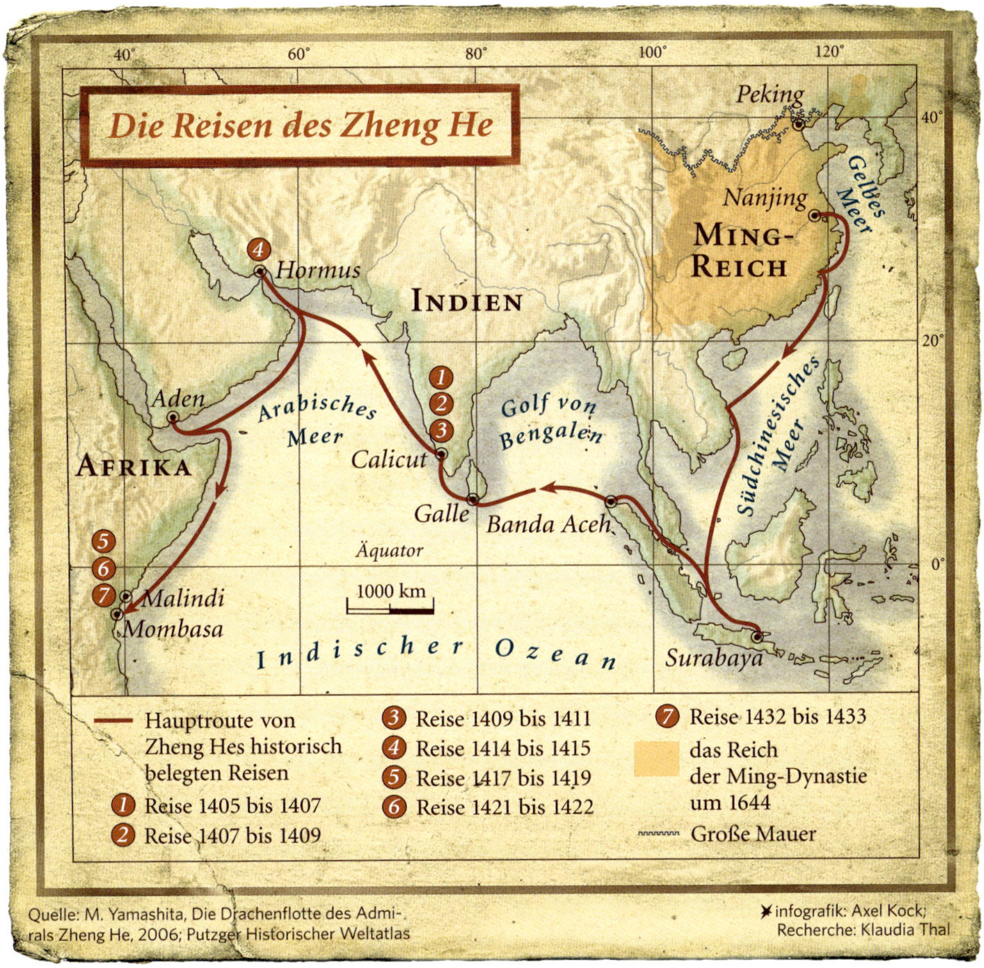

des Kaisers. Das Leben am Hof besteht aus Kniefällen und Huldigungen, aus Demut und Rangordnung. Über die Details wacht streng das Ministerium für Riten. Speist eine Konkubine bei Seiner Hoheit, hat sie bei jedem Bissen in die Knie zu sinken. Die Diener, die auf jeder Treppenstufe zum Kniefall verpflichtet sind, tragen dicke Baumwollwülste um die Gelenke. Es kniet die Konkubine vor der Kaiserin, die Kaiserin vor dem Kaiser, der Kaiser vor seiner Mutter. Auf Knien spricht der Untertan zum Kaiser, und die Gesandten aus der Fremde, die Zheng He auf seinen Schiffen in besonders prächtigen Kajüten nach China bringt, werfen sich

In einer kleinen Manufaktur werden Porzellanteller bemalt.

Porzellan
Meister des weißen Goldes

Einem schottischen Pärchen brachte ein Museumsbesuch 1984 ein Vermögen von 421 000 Pfund ein. Ein Ausstellungsstück erinnerte die beiden an eine Vase, die sie zu Hause als Lampe benutzten. Sie stammte aus der Zeit der frühen Ming-Dynastie. Das Auktionshaus Christie's versteigerte das birnenförmige, aufwendig bemalte und glasierte Stück zum damaligen Rekordpreis. Ming-Vasen sind zum Synonym für feinstes chinesisches Porzellan geworden. Während der Herrschaft der Ming-Kaiser von 1368 bis 1644 wurden Künstler geschätzt und gefördert. Doch die Herstellung des „weißen Goldes" hatte schon 1000 Jahre früher begonnen. Manche Wissenschaftler datieren die Anfänge der Porzellanherstellung in die Zeit der Östlichen Han-Dynastie, 25 bis 220 n. Chr. Sicher ist, dass in der südchinesischen Keramikhochburg Jingdezhen im 5. und 6. Jahrhundert eine Art Porzellan gebrannt wurde. Im Jahre 1004 machte der Song-Kaiser Zhenzong die Manufakturen der Stadt offiziell zu Hoflieferanten. In Meißen wurde die Erfindung des „europäischen Porzellans" erst 1708 verkündet.

Kaolin (eine Tonart), das Mineral Petuntse (ein Feldspat) und feiner Quarz sind die Rohstoffe, die sich bei Temperaturen von mindestens 1200 Grad verbinden. In einem zweiten Brennprozess wird das spröde Material glasiert, es härtet aus und wird wasser- und lichtundurchlässig. Mit verbesserter Technik entstanden während der Sui- und der Tang-Dynastie Verzierungen und Dekorglasuren. Durch Zugabe von Eisenoxid schufen die Handwerker jadegrünes Seladon-Porzellan. In der Zeit der Song-Dynastie wurde Holzkohle zum Brennen verwendet, viele Porzellanschulen entstanden.

In dieser Epoche kam ebenfalls das Dehua-Porzellan auf, in der Regel weiß und unbemalt, auch Blanc-de-Chine genannt.
Besonderes Markenzeichen der Ming-Dynastie ist das blau-weiße Porzellan mit geometrischen und ornamentalen Motiven, Drachen und anderen Tieren, Landschaften oder Szenen der klassischen Literatur. Beliebt war damals auch die Verwendung von Kupfer als Farbmittel, die zu einer rubinroten Glasur führte. Das 17. und das 18. Jahrhundert gelten als letzte große Blütezeit der chinesischen Porzellankunst. Mit dem bunten Geschirr der drei großen Qing-Kaiser machte China gute Geschäfte.
Die Manufakturen produzierten auf Bestellung Tischgeräte für die japanische Teezeremonie, Teller mit Koranversen für islamische Länder und Gefäße für indische Mogule, darum „Mogul-Stil" genannt. Die europäischen Kunden, Regenten wie Adelshäuser, ließen nach eigenen Zeichnungen fertigen. Oft wurde das Service mit dem Wappen der Auftraggeber geschmückt, beispielsweise den „wilden Männern" des preußischen Königshauses.
Eine eindrucksvolle Sammlung bietet das Porzellankabinett im Berliner Schloss Charlottenburg.
Die Faszination für die fragilen Preziosen scheint bis heute ungebrochen: Der US-Milliardär Steve Wynn ersteigerte im Mai 2006 jene Ming-Vase, die einst dem schottischen Pärchen als Lampenfuß gedient hatte: für 10,1 Millionen Dollar.

Die kupferfarbene Vase brachte bei Christie's eine Rekordsumme.

mehrere Male vor dem Thron nieder und berühren dabei dreimal den Boden mit dem Kopf.

Der Geschenkeaustausch mit den Fremden wird zum diplomatischen Dauererfolg, immer mehr Gesandte besuchen den kaiserlichen Hof. Manche von ihnen quartieren sich über Monate in den Palästen ein. Seit den Seefahrten des Zheng He verhalten sich viele tatsächlich wie Untertanen Chinas. Doch nicht alle, die sich vor dem Kaiser auf den Marmor werfen, meinen es ernst. Viele tauschen die paar Demutsgesten gegen ein Luxusleben, gegen Nächte in Seidengewändern und auf Brokatkissen, gegen Tage, an denen beflissene Diener Gänse, Truthähne, Hirse und frisches Obst kredenzen, Haselnüsse und chinesische Datteln, Walnüsse, Kastanien, Zitronen. „Auf einem Tablett lagen Kuchen und feines Brot, und es gab auch Blumensträuße aus Papier und Seide, die so herrlich waren, dass es unmöglich ist, sie zu beschreiben“, notieren Gesandte aus Persien. Ihre Delegation wird reich belohnt. Jeder Sultan erhält: acht Silberbeutel, drei Garnituren gefütterter königlicher Gewänder, 24 Unterkleider, 91 Falken, zwei Pferde, 100 Pfeile, fünf Speere und 5000 Geldscheine.

DIE PERSER HABEN ES NICHT EILIG, wieder in ihre Heimat zurückzukehren. Zwei Monate geben sie sich dem Reichtum hin. Sie erleben Bankette mit tausend Gerichten, die dem Kaiser hinter Vorhängen aus gelbem Satin serviert werden. Sie sehen das tägliche Theater der Eunuchen und Diener und Musiker, den stundenlangen Zauber der Großen Audienz mit Kniefällen, Liedern, Gebeten und Kunststücken. Sie sehen die Prunkwagen und Sänften, Beamte in raschelnden Seidenkleidern, beobachten, wie die Höflinge im Morgengrauen auf den weiten Plätzen zu Tausenden aufmarschieren, bestaunen Artisten, junge Männer, „schön wie der Mond“.

Die Besucher lauschen den Orchestern aus Glocken, Trommeln und Flöten, den Chören aus tausend Stimmen. Sie lernen, dass alles und jeder seinen Rang und seinen Platz hat, sehen, wie sich die Höflinge, Eunuchen, Soldaten und Mandarine auf ihren Markierungen einfinden, bevor der Kaiser erscheint. Und wie sie erstarren, wenn der Herrscher den Raum betritt! „Keiner hatte mehr den Mut aufzuschauen“, notieren sie. Nichts darf die Etikette stören. Wenn die Diener sie zu Banketten abholen, mahnen sie die Gesandten vorausschauend, zuvor noch einmal pinkeln zu gehen.

1421 lässt Kaiser Yongle die Verbotene Stadt einweihen. Der Hof zieht von Nanjing, der Südhauptstadt, nach Peking in die Nordhauptstadt. Das ist ein mutiger Schritt. Denn Peking liegt nicht weit von der Grenze zur Mongolei, dem verhassten Erzfeind. Aber Yongle ist sich sicher, dass die erstarkten Kaiser der Ming-Dynastie das Land und die Hauptstadt gegen die Reiter verteidigen können, zu jeder Zeit.

Das Symbol für die Furchtlosigkeit ist die Verbotene Stadt, ein Megaprojekt, noch ehrgeiziger, aufwendiger, teurer als die Flotte. 200 000 Arbeiter bauten 16 Jahre lang an den acht Palästen, fünf Torbögen, acht Hallen, an den Wohnräumen, Werkstätten, Gärten und Tempeln, Ministerien und Ver-

TEILS WOHNHAUS, TEILS WEHRTURM

Dieses mehrgeschossige Gebäude in der Stadt Kaiping ist Häusern aus der Ming-Zeit nachempfunden. Damals entstanden die ersten sogenannten Diaolous, die sowohl zum Wohnen als auch als Verteidigungsanlagen genutzt wurden.

RIESIGES REISESOUVENIR
Die Flotte des Admirals Zheng He brachte im Jahr 1415 von einer Expedition nach Ostafrika die erste Giraffe mit — zum Erstaunen der Landsleute.

waltungsgebäuden, Bibliotheken, Schatzkammern, Kanzleien, Theatern und Höfen. Nichts an ihr kann dem Herrscher groß genug sein. Drei Mauern, bis zu zehn Meter hoch, umgeben die Paläste – als sei der Kaiser seinen Untertanen noch immer nicht fern genug.

IN 9999 RÄUMEN SPIELT SICH NUN DAS HÖFISCHE LEBEN AB, beschützt von 5000 Soldaten. 9000 Eunuchen, Diener, Hofdamen und Konkubinen sind zu Diensten. Zur Einweihung reisen Tausende Botschafter aus der Ferne an. „Die Wände waren aus gelacktem Schnitzwerk, der Boden aus geschnittenem Stein", staunen die Perser. Einige Mauern sind aus weißem Marmor, riesige Dächer sitzen wie übergroße Hüte auf den Mauern. Und der Kaiser thront in der „Halle der Höchsten Harmonie", dem Symbol für die Mitte der Welt.

1424 stirbt Kaiser Yongle. Krisen erschüttern nun das Land. Jahrzehntelang waren Wirtschaft und Bevölkerung gewachsen. Auf neuen Kanälen blühte der Handel. Städte wurden gebaut, das Handwerk boomte.

Doch die Pracht am Hof, der Unterhalt der Gesandtschaften und der Flotte belasten das Reich mehr und mehr. Der Geschenketausch gerät außer Kontrolle. Vor allem die Mongolen sorgen für Probleme. Angebliche Diplomaten aus der Mongolei schleppen Eichhörnchenfelle in die Verbotene Stadt und verlangen dafür Seide, Silber und Gold. Ein anderes Mal schenken 30 Mongolen dem Kaiser fünf Pferde – und fordern dafür Geschenke für 30 Gesandte. „Da die Barbaren so profitgierig sind, vergeht kein Monat, ohne dass Tributgesandtschaften kommen und gehen", klagt ein Beamter. Als 2000 Mongolen sich am Hof unterwerfen und hartnäckig Geschenke für 3000 Huldiger verlangen, ist die Geduld des Hofes zu Ende. Er reduziert seine Geschenkgaben drastisch. Voller Wut reisen die Gäste ab. Bald bricht im Norden des Reiches, nur wenige Kilometer vor der Hauptstadt, ein neuer Krieg mit dem Steppenvolk los.

Vermutlich ist dies der Grund, weshalb Kaiser Zhengtong, ein Nachfolger Yongles, das Ruder herumwirft. Keine Expeditionen der Flotte mehr, China kapselt sich ab. Alle Schiffe werden stillgelegt, die Trockendocks geschlossen. Nur Zweimaster dürfen noch gebaut werden. Wäh-

FÖRDERER VON HANDWERK UND KÜNSTEN

Kaiser Xuande auf der Jagd zu Pferde. Während seiner Regierungszeit (1425–1435) stach die Flotte zum letzten Mal in See.

Der 14. Dalai Lama überreicht Präsident Mao Zedong 1954 einen Schal.

Guanxi
Beste Beziehungen

Kleine Geschenke erhalten die Guanxi – das Netz aus persönlichen Beziehungen, von denen in China nahezu jede Entscheidung abhängt. Denn der Einzelne ist nur Teil des Ganzen, dem Beziehungsgeflecht zwischen Individuen kommt deshalb so große Bedeutung zu. Die Guanxi unterliegen einer Hierarchie. Die höchste Form der Guanxi ist Jiaren, die Beziehung innerhalb der Großfamilie. Dann folgt Shuren – die Verbindung zu ehemaligen Klassenkameraden, Vereinsmitgliedern oder Menschen aus demselben Dorf. Shengren ist die Beziehung zu Fremden. Viel Empathie, Zeit und Einsatz sind nötig, um Shengren auf eine solide Basis zu stellen. Wer als Deutscher feststellt, dass sein chinesischer Geschäftspartner an derselben Universität studiert hat, kann sich glücklich schätzen, bessere Voraussetzungen für eine ausbaufähige Guanxi-Beziehung gibt es nicht. Noch mehr nützt, wenn es gemeinsame Bekannte aus jener Zeit gibt. Oder wenigstens eine Kneipe, in die beide gern gegangen sind.

Mit Renqing, Gefälligkeiten und Geschenken, werden die Guanxi gefestigt: Hilfe bei der Wohnungssuche gegen die Organisation eines Arzttermins. Das Vermitteln eines Traktors gegen einen Studienplatz. Renqing sind eine Verpflichtung wie ein Schuldschein. Sie müssen zurückgezahlt werden – wann auch immer. Es gilt sogar als geschickt, bei mehreren Personen etwas „gutzuhaben". Oft zieht sich die Rückgabe der Renqing über Generationen hin.

Man brüstet sich mit seinen Beziehungen, ohne zu sagen, zu wem genau sie bestehen. Wenn während einer Konferenz das Handy klingelt und selbst der, der gerade das Wort hat, ein Gespräch entgegennimmt, ist in China niemand irritiert: Zeigt es doch nur, dass er wohl allerbeste Guanxi hat.

rend die europäischen Mächte die Seefahrt fördern und in unbekannte Welten vorstoßen, bauen die chinesischen Kaiser die Große Mauer weiter aus, um die Grenzen im Norden zu sichern. Sie wollen keine Seefahrernation mehr sein, privater Überseehandel ist verboten, Kontakte zu Ländern in Übersee sind stark eingeschränkt, sie setzen auf Sicherheit. Die Zeit der Abenteuer ist vorbei. Und damit auch die kurze Episode der Weltmacht China. Bereits 1557 gründet das kleine Volk der Portugiesen im riesigen Reich der Mitte den Handelsstützpunkt Macau.

An Zheng He und seine Flotte erinnern heute Opern, Romane, Tempel und eine Steinstele direkt am Meer: „Wir haben mehr als 100 000 Li des gewaltigen Ozeans befahren und haben dabei riesige Wellen bezwungen", heißt es darauf. „Wir haben unseren Blick auf barbarische Gegenden geworfen, in weiter Ferne, halb verborgen in blauen Nebelschleiern, während unsere Segel, Wolken gleich, Tag und Nacht Kurs hielten, schnell wie ein Stern."

Das Leben am Hof der Ming-Kaiser verläuft nach den immer selben starren Regeln, während die Welt draußen sich dramatisch wandelt. Mit den Portugiesen errichten die ersten Europäer auf dem Festland einen Außenposten. Die Briten überschwemmen das Reich mit Opium. Als der Kaiser die Einfuhr des Rauschgifts verbieten lässt, kommt es zum Krieg. Die hoffnungslos veraltete Armee der Chinesen wird geschlagen.

DIE ARMADA DER „FREMDEN TEUFEL"

Die „Nemesis", das modernste Schiff der britischen Kriegsflotte, greift im Frühjahr 1841 die Dschunken des chinesischen Kaisers im Perlfluss-Delta an.

Die Europäer kommen

Die Lage ist ernst. In einem Gewaltmarsch eilt Pekings Gesandter an die Küste. Keine Bankette entlang der Route, nur die nötigste Entourage, kaum Pausen. 30 Kilometer bewätigt er am Tag, und jetzt, am 10. März 1839, erreicht Lin Zexu nach 60 Tagen in der Sänfte endlich die südchinesische Hafenstadt Kanton. Lin ist Pekings bester Mann. Schon sein Anblick erheischt Respekt: ein mächtiger Bauch, buschige Augenbrauen, ein stattlicher Schnauzer, der in den Bart übergeht. Lin ist 54 und gehört seit Jahren zum innersten Zirkel des Kaisers. Er gilt als loyaler Beamter, als unbestechlich, sein Spitzname ist „Blauer Himmel" – so rein wie dieser ist sein Ruf. Ein Mann für heikle Missionen. Ein Mann, der die Barbaren aus England ein für alle Mal in die Schranken weisen soll.

Es geht um Opium. Schon seit hundert Jahren exportieren vor allem die Briten das Rauschgift ins Reich der Mitte. Waren es anfangs nur wenige Kilo, sind es jetzt 40 000 Kisten im Jahr, obwohl der Kaiser die Droge verboten hat. Der Stoff droht das Reich lahmzulegen. Allerorten dämmern Männer träge in den Hinterzimmern der Lokale, selbst Minister am kaiserlichen Hof verdösen ganze Nachmittage. China steht auch vor dem finanziellen Kollaps. Die Schmuggler bezahlen die Briten in Silber – das China nun langsam ausgeht.

Kaum hat Lin sein Quartier bezogen, macht er sich an die Arbeit. Er lässt die Armee nach Rauchern filzen, belohnt Denunzianten, lässt Opium und Pfeifen konfiszieren. Nach zwei Monaten hat er 16 000 Kilo Opium und 43 000 Pfeifen aus dem Verkehr gezogen.

DOCH DER NACHSCHUB LÄUFT WEITER. Alle Drohungen, alle Angebote, selbst Briefe an Königin Viktoria im fernen London bringen nichts. Die Barbaren denken nicht daran, das lukrative Geschäft aufzugeben. Schließlich lässt Lin die Häuser aller 350 Ausländer am Ufer des Perlflusses von Truppen umstellen.

Wochenlang lärmen die Belagerer jede Nacht mit Gongs und Hörnern. Kein Koch, keine Wäscherin, kein Diener darf mehr zu den Frem-

dämmerten tagelang in den **Opiumhöhlen**

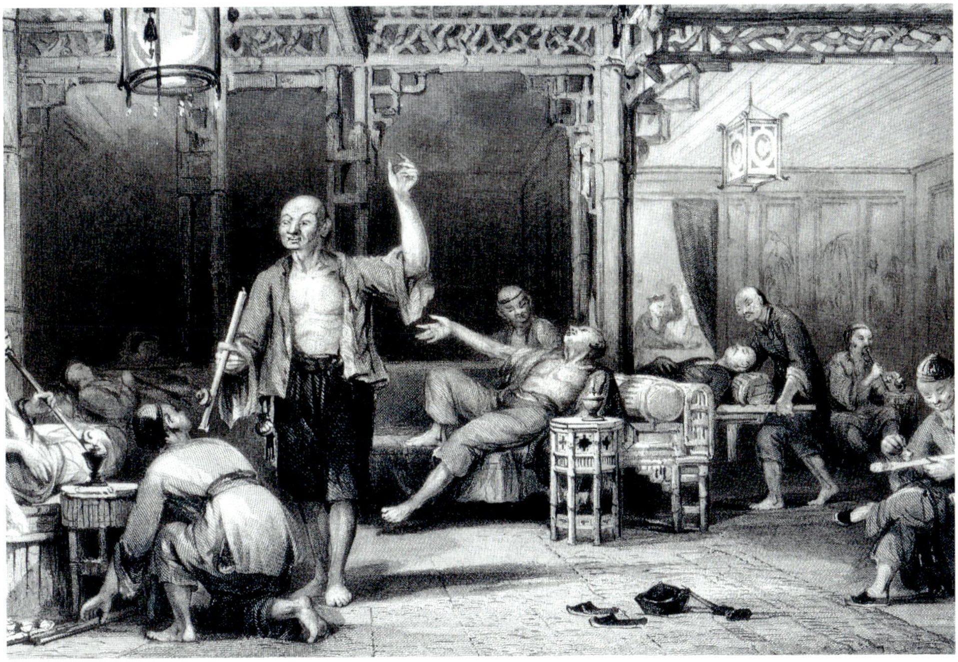

40 PFEIFEN AM TAG WAREN NORMAL

Wie überall im Land gaben sich Männer in eigens dafür eingerichteten Lokalen dem Rausch hin. Bevorzugte Methode war, ein winziges Kügelchen Opiumpaste über einer Flamme zu erhitzen und dann in einer langen Pfeife zu rauchen.

den. Nur mit dem Nötigsten werden sie noch versorgt. Nach sechs Wochen werden die Ausländer endlich mürbe und übergeben 20 000 Kisten Opium. Der kaiserliche Emissär Lin lässt riesige Gruben ausheben, zwei Meter tief, 45 Meter lang, um darin die Opiumballen mit Wasser, Kalk und Salz aufzulösen. Von dort leitet er die stinkende Brühe in den Ozean. Dazu betet Lin an den Geist des Meeres, „der du alle Flecken abwäschst und Unreinheiten beseitigst", rät den Fischen „eine Zeit lang fernzubleiben, um sich nicht zu besudeln", und sinnt darüber nach, wie es so weit kommen konnte, „dass sich ungehindert Gift einschlich, bis barbarischer Rauch den Markt erfüllte". Lin glaubt, damit sei die Affäre beendet. Er hofft, die Ausländer würden überhaupt davon ablassen, das himmlische Reich der Mitte weiter zu bedrängen.

DAS ERSTE STÜCK EUROPA IM FERNEN OSTEN

Ein Gemälde aus dem 19. Jahrhundert zeigt die portugiesische Kolonie Macau. Fast 300 Jahre zuvor waren Seefahrer, die von Lissabon aus Richtung Osten gesegelt waren, an Chinas Südküste gelandet.

Es ist Ende Juni 1839. Es ist ein verhängnisvoller Trugschluss.

Die Probleme mit den Barbaren aus dem Westen hatten Anfang des 16. Jahrhunderts begonnen. Gerade waren die Kaiser auf dem Himmelsthron nach einem Zeitalter der Erkundungsfahrten zu dem Entschluss gekommen, keinen Kontakt mehr mit Fremden zu suchen – da suchten die Fremden den Kontakt mit ihnen.

1517 machte das erste portugiesische Schiff in Kanton, dem heutigen Guangzhou, fest. Rasch folgten weitere, und als sich die Portugiesen bereit erklärten, gegen jegliche Piraten vor der Küste vorzugehen, übergaben ihnen die Kaiser als Gegenleistung eine Halbinsel vor der Mündung des Perlflusses. Es war ein winziger Streifen Sand, malariaverseucht, an manchen Stellen kaum mehr als hundert Meter breit. Die Portugiesen tauften ihren Außenposten Macau. Historiker sehen darin den Beginn von Chinas Abstieg.

Im fernen Peking maß man alldem keinerlei Bedeutung bei. Seit fast 200 Jahren an der Macht, regierte die Ming-Dynastie das Reich inzwischen aus den 9999 Räumen der Verbotenen Stadt. Man lebte in einer eigenen Welt. Wie seit Jahrhunderten ordneten strenge Regeln den Alltag hinter den zehn Meter hohen Mauern.

Zentrum allen Daseins war der Kaiser. Wie Gestirne umkreisten ihn die Untergebenen auf festgelegten Bahnen. Wer sich ihm näherte, musste sich zum Kotau niederlassen, musste also dreimal niederknien, dreimal mit der Stirn den Boden berühren und sich mit den Fäusten abstützen. Um die ständigen Kniefälle zu dämpfen, trugen die Minister dicke Wülste aus Baumwolle um die Gelenke.

DAS LEBEN WAR EINE ENDLOSE KETTE VON RITEN. Bei Banketten servierten die Diener dem Kaiser und seiner Mutter 108 Gänge, der Kaiserin 96, den Konkubinen ersten Ranges 64. Ganz unten in der Hierarchie standen die Hofdamen. Ihnen war fast alles verboten: das Lesen, den Namen des Kaisers auszusprechen, sogar auf dem Rücken zu schlafen, weil ihr Gesicht den Himmel beleidige.

Eunuchen sorgten für das reibungslose Funktionieren des Apparats. Sie übergaben dem Kaiser Botschaften, füllten seine Badewanne, leerten die seidenbezogenen Nachttöpfe, führten ihm weibliche Begleitung aus der Schar der Konkubinen zu. Und auch das Intimste verlief streng nach Protokoll: Sobald der Kaiser eine Gefährtin erwählt hatte, wurde die Auserkorene gebadet, enthaart, nackt in eine rote Decke gewickelt und schließlich in einer Sänfte in die kaiserlichen Gemächer getragen, wo sie zum Fußende des Bettes kroch und unter die Decke schlüpfte.

DES KAISERS BESTER MANN

Eine Statue in der Provinz Gansu erinnert an den Gesandten Lin Zexu. Er ließ 1839 die Häuser von Ausländern in Kanton umstellen, bis sie 20 000 Kisten Opium herausgaben.

Die Verbotene Stadt – sie war ein pompöses Puppenspiel, ebenso antiquiert wie teuer. Schon in guten Zeiten wogen die Kosten schwer. Als dann immer mehr Verwandte des Kaisers regelmäßig einen Unterhalt einforderten – allein unter Kaiser Wanli (1573–1619) taten das 23 000 – und als schließlich auch noch Überschwemmungen das Reich heimsuchten, stand das so potente China vor der Insolvenz. Allein die Hungersnöte waren von solchem Ausmaß, dass, wie ein Chronist notierte, „auf den Straßen einzig das Summen der Fliegen zu hören war".

DEN MING-HERRSCHERN FEHLTEN SOGAR DIE MITTEL, die Gehälter der Beamten zu bezahlen. Es kam zu Aufständen. Ohnehin waren die Kaiser wenig beliebt. Regelmäßig ließen sie Tausende Missliebige hinrichten. Die Aufständischen fanden rasch Anhänger, und im April 1644 gelang es einem ehemaligen Schafhirten, Peking zu erobern. Der Kaiser zog sich auf einen Hügel zurück und blickte noch einmal hinab auf die Verbotene Stadt. Dann erhängte er sich am Balken eines Pavillons. Nach 276 Jahren war die Dynastie der Ming am Ende.

In all dieser Zeit versuchten die Völker aus dem Abendland, im Reich der Mitte Fuß zu fassen. 1583 betrat mit dem Italiener Matteo Ricci zum ersten Mal ein Missionar chinesischen Boden. Ricci war Jesuit, gab sich aber als Literat und versuchte inkognito den Hof vom rechten Glauben zu überzeugen. Es war eine Zeit, in der selbst in Peking nicht wenige glaubten, beim Abendmahl verspeisten die Christen tatsächlich einen menschlichen Leib und echtes Blut. Ricci setzte darauf, dass die christliche Lehre von der Verbotenen Stadt ins Volk hinabsickern würde – eine Strategie, der auch seine Nachfolger anhingen. Darunter war auch ein Kölner Bruder namens Adam Schall von Bell.

Nach einer sechsmonatigen Schiffspassage mit 10 000 lebenden Hühnern an Bord erreichte Schall von Bell am 15. Juli 1619 Macau. Der Missionar war nach Meinung eines Zeitgenossen ein „harscher Mann, jähzornig und nach deutscher Art griesgrämig", konnte aber seinen fehlenden Charme durch handfestes astronomisches Wissen ausgleichen.

Vier Jahre lang lernte er die Landessprache, dann wurde er 1623 nach

PROZESSION MIT DEM SOHN DES HIMMELS

Angeführt von einer bewaffneten Leibgarde wird der Kaiser in einer Sänfte aus seinem Palast durch die Straßen der Verbotenen Stadt in Peking getragen.

Peking eingeladen. Der Kaiser beauftragte ihn mit der Reform des Mondkalenders. Denn der Ruhm eines jeden Herrschers hing wesentlich von der korrekten Vorhersage von Sonnenwenden und Erntezeiten ab. Schall von Bells Zählung nach westlichem Vorbild stellte den Kaiser zufrieden. Er durfte am Hof bleiben.

OFFIZIELL WIDMETE ER SICH, IN CHINESISCHE ROBEN GEWANDET, der Astronomie und Mathematik. Heimlich aber versuchte er, die christliche Botschaft unter den Damen und den Eunuchen der Verbotenen Stadt zu verbreiten. Als dann der gerade einmal zwölfjährige Shunzhi an die Macht kam, schaffte es der Geistliche, sein Vertrauen zu gewinnen. Der junge Kaiser nannte den Deutschen „Mafa", ehrwürdiger Vater, und ließ für ihn an christlichen Fastentagen Fisch auftischen. Derweil lauschte er Schall von Bells Ausführungen über die Bahnen der Gestirne.

Dann aber versuchte der Priester, den Kaiser auch für die Lehre vom menschgewordenen Gottessohn zu begeistern, ja er wagte es sogar, das Heer an Konkubinen zu tadeln. Das alarmierte die Hofbeamten. Sie erwirkten eine Anklage wegen Hochverrats. Nicht mal die korrekte Voraussage einer Sonnenfinsternis konnte ihn retten. Der Zerstückelung entging der mittlerweile durch Schlaganfall gelähmte Adam Schall von Bell nur aufgrund seines hohen Alters. Er starb 1666 mit 75 Jahren.

NOCH EINMAL GEWANN EIN KIRCHENMANN die Gunst eines Kaisers. Aber auch am Belgier Ferdinand Verbiest schätzten die Chinesen mehr seine Kenntnisse im Kanonenbau als jene der Bibel. Als Verbiest im Jahr 1688 nach einem Sturz vom Pferd dahinschied und sich dann auch noch die übrigen Missionare zerstritten, geriet die Erlösung der Chinesen ins

Von der Ming-Dynastie zum Mandschu-Reich

IN CHINA

1557	1583	1601	1623	1644
Macau wird portugiesischer Handelsstützpunkt	Der erste Missionar Matteo Ricci erreicht China	Holländer landen an der chinesischen Küste	Der Kölner Jesuit Adam Schall von Bell kommt nach Peking. Er gewinnt das Vertrauen des Kaisers und wird sein astronomischer Berater	Ende der Ming-Dynastie nach Aufständen und Hungersnöten. Beginn der Mandschu-Herrschaft unter dem Namen Qing

ÜBRIGE WELT

1555	1588	1618	1633	1648
Augsburger Religionsfriede. Aufteilung Deutschlands in katholische und protestantische Fürstentümer	Untergang der spanischen Armada vor England. Großbritannien wird dominierende Seemacht	Prager Fenstersturz: Auftakt des Dreißigjährigen Kriegs zwischen Protestanten und Katholiken	Galileo Galilei widerruft seine astronomischen Lehren vor der katholischen Inquisition	Westfälischer Friede beendet Dreißigjährigen Krieg. Etwa neun Millionen Opfer

Stocken. Kein Jesuit gelangte mehr zu Einfluss bei Hof. Der fromme Angriff des Abendlandes war gescheitert.

Der weltliche Angriff aus dem Westen war deutlich erfolgreicher. Portugals Außenposten Macau florierte. Regelmäßig pendelten Korvetten zwischen Lissabon und Fernost. Auch die Niederländer schickten sich an, ihren Einfluss in der Region auszubauen. 1601 landete das erste holländische Schiff an der chinesischen Küste. Hatten die Missionare die Seelen der Chinesen im Visier, zielten die Händler auf deren Börsen. Den Holländern folgten Dänen, Schweden, Amerikaner; auch einige Preußen wagten den sechsmonatigen Törn ums Kap der Guten Hoffnung.

In Peking hatte inzwischen nach dem Sturz der Ming ein neues Zeitalter begonnen. Einem Reitervolk aus dem Nordosten, den Mandschu, war es gelungen, die Macht an sich zu reißen. Ihre Dynastie nannten sie Qing. Wieder einmal besetzte eine fremde Sippe den Thron des Him-

Kaiser Qianlong

Der Opiumkrieg

1717
Verbot der christlichen Mission

1736–1796
Regierungszeit Kaiser Qianlongs

1759
Beschränkung des Auslandshandels auf die südchinesische Stadt Kanton

1791
Cao Xueqins Roman „Der Traum der Roten Kammer" wird veröffentlicht. Erstmals werden Adelige mit ihren menschlichen Schwächen beschrieben

1793
China annektiert Tibet

1839–1842
Erster Opiumkrieg. England erzwingt Freigabe des Opiumhandels und die Öffnung weiterer Handelshäfen. Hongkong wird britisch

1712
Erfindung der Dampfmaschine in England. Beginn der industriellen Revolution

1721
Peter I. wird Zar. Durch den Frieden von Nystad erhält Russland Zugang zur Ostsee

1776
Die Vereinigten Staaten von Amerika erklären sich unabhängig

1789
Beginn der Französischen Revolution

1815
Napoleon unterliegt bei Waterloo gegen Blücher und Wellington. Neuordnung Europas auf dem Wiener Kongress

1848
Märzrevolution in Deutschland. Nationalversammlung trifft sich in der Frankfurter Paulskirche

melssohnes. Als Zeichen der Unterwerfung verlangten sie von allen Männern, ihre Haartracht zu übernehmen: sich die Stirn auszurasieren und das übrige Haar zum Zopf zu flechten.

Den Mandschu-Kaisern gelang es, aus dem Land wieder ein geordnetes Staatswesen zu machen. Einer von ihnen regierte länger als fast jeder andere Kaiser von China: 1736 übernahm Qianlong die Macht und herrschte mehr als 60 Jahre. In dieser Zeit startete er erfolgreich mehrere Feldzüge, um die Grenzen zu sichern.

LANGE ZEIT DULDETE ER DEN WACHSENDEN HANDEL zwischen seinem Volk und den Ausländern an der Küste. Doch 1759 schränkte er die Geschäfte mit den Fremden auf einen einzigen Hafen ein: Kanton. Nur eine Handvoll Kaufleute durfte mit den Barbaren verkehren. Sonst aber sollten sich die Einheimischen möglichst fernhalten von den Wilden aus dem Westen.

Den Ausländern wurde ein Streifen Land am Ufer des Perlflusses zugewiesen, vor den Mauern Kantons. Dort errichteten sie ihre Schuppen und Wohnhäuser. Es war ihnen verboten, die Stadt zu betreten, mit Chinesen zu sprechen, ja überhaupt deren Sprache zu lernen. Frauen waren ebenso unerwünscht wie Schusswaffen, und nach Ende der sechsmonatigen Handelsperiode mussten sich die Europäer für den Sommer wieder nach Macau zurückziehen. Dort warteten ihre Frauen.

Das Leben der Kaufleute in Kanton war durchaus komfortabel: Die sogenannten Fabriken hatten Bibliotheken, Billardzimmer, Speisesäle. Diener karrten von den Märkten Gemüse und Fleisch heran, der Wein wurde aus Europa geliefert, hinter der dänischen Fabrik grasten sogar ein paar europäische Kühe für die Milch zum Tee. Sportlich veranlagte Händler maßen sich in Regatten; wer es ruhiger mochte, spielte Kricket. „Die Händler haben sechs Monate lang in Macau nichts zu tun“, schrieb ein Durchreisender, „die anderen sechs tun sie in Kanton nichts.“

Wenn die Kaufleute aber doch einmal ihre Kontore betraten, dann ging es vor allem um Tee. In China war er seit Jahrhunderten geschätzt; jetzt kamen auch die Europäer rasch auf seinen Geschmack. Anfang des

CHINAS EXPORTSCHLAGER
Arbeiter verpacken Tee. England wurde schnell zu einem Hauptabnehmer des fernöstlichen Gebräus.

17. Jahrhunderts hatten die Händler ihren Landsleuten zum ersten Mal das fernöstliche Gebräu präsentiert. Besonders die Briten fanden daran Gefallen, die neue Mode eroberte die Kaffeehäuser, und schon 1800 exportierte China Tee im Wert von 23 Millionen Pfund jährlich ins Vereinigte Königreich.

Die Briten hatten dabei nur ein Problem: Sie bezahlten die Chinesen mit wertvollem Silber (allein 1770–1780 waren es 16 Millionen Unzen). Diese aber interessierten sich überhaupt nicht für westliche Ware. Man bot ihnen sogar Exotika an wie Sandelholz, Seehundhäute, getrocknete Seeschnecken – vergebens. 1793 reiste der englische Lord Macartney mit 600 Koffern voller wissenschaftlicher Instrumente, Teppiche, Kleidung, Messer und Tafelglas nach Peking. Kaiser Qianlong dankte nur höflich und schrieb nach England: „Ich besitze alle Dinge. Ich messe fremden oder sinnreichen Gegenständen keinen Wert bei und habe keine Verwendung für die Erzeugnisse Ihres Landes."

EIN POET AUF DEM DRACHENTHRON

Der Mandschu-Kaiser Quianlong hinterließ 40 000 Gedichte.

QIANLONGS INTERESSE galt ohnehin vor allem der Dichtkunst. Der Imperator gefiel sich als Poet. Obgleich mit nur mäßigem Talent gesegnet, veröffentlichte er über 40 000 Gedichte – mehr als jeder andere in China. Zum Schrecken des Hofes überpinselte er damit Hunderte wertvoller Gemälde. Erst im hohen Alter ließ seine Tatkraft nach, und er gönnte sich immer häufiger Mußestunden mit einem hübschen Leibwächter. Dessen wachsende Macht missfiel den Höflingen, und als Qianlong 1799 starb, wurde ihm der wohlgeformte Leibgardist sogleich ins Jenseits nachgeschickt.

Die Briten fanden schließlich einen anderen Weg, ihre negative Handelsbilanz mit China umzukehren: Opium. Schon seit mehreren Jahrhunderten in China bekannt, meist über einer Flamme erhitzt und dann durch eine Pfeife geraucht, wurde das Rauschgift immer beliebter. Ein Trend, den die Engländer forcierten. Denn die Kolonie Indien bot hervorragende Anbauflächen. In wenigen Jahrzehnten verwandelte sich das Reich der Mitte vom Exportweltmeister zum Finanzier des Empire.

Chinesisches Horoskop
Das Jahr des Büffels

Von allen Tieren, die Buddha zum Neujahrsfest zu sich geladen hatte, kamen nur zwölf. Es erschienen die Ratte, der Büffel, der Tiger, der Hase, der Drache, die Schlange, das Pferd, die Ziege, der Affe, der Hahn, der Hund und zuletzt das Schwein. Buddha belohnte die Tiere für ihr Kommen mit der Aufsicht über jeweils ein Jahr - und zwar nach der Reihenfolge ihres Erscheinens, so die Legende. Die Lehre der zwölf Tierkreiszeichen entstand vor über 2000 Jahren während der Han-Dynastie - sie hat mit dem abendländischen Horoskop nicht viel gemein. Das chinesische Horoskop konzentriert sich weniger auf die Zukunftsdeutung als auf die Bestimmung der charakterlichen und körperlichen Anlagen. Es beschränkt sich jedoch nicht nur auf das Jahr der Geburt, sondern will durch ein komplexes Berechnungssystem, dem die Geburtsstunde zugrunde liegt, das energetische Grundmuster eines Menschen ermitteln. Die Erdzeichen - die zwölf Tiere - korrespondieren dabei mit den Himmelszeichen, den Wuxing, wobei Xing für die fünf chinesischen Elemente Holz, Feuer, Wasser, Metall und Erde steht. Sie werden auch „Fünf Wirkkräfte“ genannt, die wiederum einer Yin, weiblich-passiven, oder Yang, männlich-aktiven, Ausprägung unterworfen sind. Diese „Astrologie der Wirkkräfte“ wird in der chinesischen Medizin genutzt, um individuelle Therapien zu entwickeln. Oder im Feng Shui, um ein passendes Wohnkonzept zu finden. Und Chefs lassen die Eigenschaften ihrer Mitarbeiter prüfen - das Geburtsdatum steht schließlich in jedem Lebenslauf.
Für die Horoskope gilt das Jahr des chinesischen Bauernkalenders, es beginnt mit dem zweiten neuen Mond nach der Wintersonnenwende, also zwischen dem 21. Januar und dem 21. Februar. 2009 ist übrigens das Jahr der Erdratte. Am 26. Januar 2009, dem chinesischen Neujahrsfest, hat es das Jahr des Feuerschweines abgelöst.

Eine Familie inmitten der zwölf Tierzeichen.

Die Spannungen nahmen zu. Der Kaiser verbot die Einfuhr von Opium. Die Engländer auf der anderen Seite waren nicht länger gewillt, sich den Sitten des Fernen Ostens zu beugen. 1834 reiste Baron Napier nach Kanton, um als Regierungsgesandter die englischen Händler zu beaufsichtigen. Mehrmals versuchte Napier vergebens, einen Akkreditierungsbrief zu übergeben, und als es endlich zu einem Treffen mit Mandarinen kam, stellte Napier, ebenso störrisch wie selbstbewusst, zunächst einmal die streng nach chinesischer Hierarchie postierten Stühle um. Das Treffen endete ohne Ergebnis. Die Chinesen zeigten einen „extremen Grad von Geistesschwäche“, schrieb Napier noch nach London, dann erkrankte er an Malaria und starb im Oktober 1834 in Macau.

Es waren zwei Welten, die in Kanton aufeinandertrafen. Auf der einen Seite das aufstrebende England, auf der anderen das alte China, hier Innovation, dort Tradition, und mittendrin das gewinnträchtige Opium. So standen die Dinge, als Peking im Frühjahr 1839 seinen besten Mann, den Gesandten Lin, nach Kanton beorderte, um die Barbaren ein für alle Mal in die Schranken zu weisen.

DER ASTRONOM DES KAISERS

Der Jesuitenpater Adam Schall von Bell aus Köln lernte vier Jahre lang Chinesisch. Dann nahm ihn der Kaiser bei Hofe auf.

Frauen waren in Kanton ebenso unerwünscht wie

FREMDE FLAGGEN IM REICH DER MITTE

Der Hafen von Kanton 1840: Vor den Häusern der europäischen Kaufleute liegen Lastschiffe vor Anker. Ein kaiserliches Edikt von 1759 legte fest, dass die Ausländer nur von hier aus Handel treiben durften. Der Kontakt zu Chinesen war extrem eingeschränkt.

Schusswaffen

EINHEITSFRISUR FÜR DIE UNTERTANEN

Ein Barbier schneidet einem Mann die Haare, wie es das Gesetz der Mandschu-Kaiser befiehlt: eine ausrasierte Stirn und ein geflochtener Zopf.

Lins Freude über die Opiumvernichtung währt nur kurz. England will sich nichts verbieten lassen. Von Indien und Südafrika aus entsendet man ein mächtiges Expeditionskorps gen Fernost: 16 Kriegsschiffe mit 540 Kanonen, 4 Dampfer, 28 Transporter mit 4000 Mann Besatzung, 3000 Tonnen Kohle und 16000 Gallonen Rum. Per Kanonenschuss soll der Opiummarkt wieder geöffnet werden. Stolz der Flotte ist die „Nemesis", ein 60-Meter-Dampfer, zwar mit enormem Kohlenverbrauch, dafür aber bewaffnet mit einem einfachen Raketenwerfer. Ein Tiefgang von nur zwei Metern macht die „Nemesis" ideal für die flachen Buchten und Flüsse im Süden Chinas.

DIE LAGE IST GESPANNT. Die britischen Händler haben sich auf die felsige Insel Hongkong zurückgezogen. Der Schwarzmarktpreis für eine Kiste Opium ist von 500 auf 3000 Silberdollar gestiegen. Als Lin von der britischen Expedition erfährt, lässt er den Perlfluss mit Eisenketten abriegeln. Die Zeichen stehen auf Krieg.

Doch die englische Flotte unter ihrem Oberbefehlshaber George Elliot kümmert sich weder um Ketten noch Forts, sie begnügt sich damit, im Juni 1840 die Hafeneinfahrt von Kanton zu blockieren. Anschließend segelt Elliot weiter die Küste hinauf zu anderen Häfen. Erst dort gibt er den Feuerbefehl. Der sogenannte Opiumkrieg hat begonnen.

Die Chinesen sind von den Kriegskünsten der Barbaren geschockt. Immer wieder haben die Mandarine gespottet, die Uniformen der Engländer seien so eng, dass die Soldaten, „wenn sie einmal darin umfallen, nicht mehr aufstehen können". Nun aber sind sie es, die mit ihren schweren Mänteln, ihren altertümlichen Speeren und Hellebarden, ihren bemalten Rattanschilden, mit ihren akrobatischen Überschlägen und ihrem Schlachtgeschrei der nüchternen britischen Kriegsmaschine kaum etwas entgegenzusetzen haben.

Als sich die Expeditionsflotte Peking bedrohlich nähert, bietet der Hof Verhandlungen an. Der noch kurz zuvor so hoch geschätzte Gesandte Lin wird seines Postens enthoben. Doch erst nachdem die „Nemesis" Kanton beschossen hat, sind die Chinesen zu einem Deal bereit: Hongkong überlassen sie den Briten und zahlen sechs Millionen Dollar für das zerstörte Opium. Kanton wird wieder für den Handel geöffnet. Man hofft, die britische Flotte zöge nun ab.

VORSTOSS IN DAS HERZ DES REICHES

Britische Truppen landen 1842 in Chinkiang am Großen Kanal, der Lebensader des Landes. Gedemütigt begehen viele Chinesen Selbstmord.

Die Bucht zwischen Kowloon und Hongkong Island im Jahre 1890. Die Insel war 50 Jahre zuvor britische Kronkolonie geworden.

Hongkong
Die Schatzinsel

Der Außenminister kochte vor Wut. „Eine öde Insel mit kaum einem Haus" habe er sich von den Chinesen andrehen lassen, wetterte Lord Palmerston im Brief an Admiral Elliot. Man schrieb das Frühjahr 1841, Hongkong war frisch erbeutet. Und was der Lord nicht ahnte: In den folgenden 156 Jahren mauserte sich der karge Felsen zum „weltbesten Platz für Business" (so das Wirtschaftsmagazin „Fortune"). Als das Empire die Kronkolonie am 1. Juli 1997 an China zurückgeben musste, kämpfte selbst Prinz Charles mit den Tränen. Wo um 1800 noch Piraten hausten, lassen sich heute millionenschwere Unternehmer zu den teuersten Büros der Welt kutschieren. Chris Patten, der letzte britische Gouverneur, bezeichnete die damalige 6,3-Millionen-Metropole gar als „größte Mitgift seit Kleopatra". Mit dem

Naturhafen an der Perlfluss-Mündung war die Insel das perfekte Scharnier für den Handel zwischen China und der Welt. Im zweiten Opiumkrieg fiel 1860 zusätzlich die Halbinsel Kowloon an die Krone, 1898 pachtete man deren Hinterland, die New Territories, für 99 Jahre hinzu. Damals erschien das unendlich, es machte Hongkong jedoch zur Kolonie auf Zeit: Ohne den Reis der New Territories konnte die Insel nicht überleben. Denn die Menschen strömten in Massen nach Hongkong – Glücksritter aus Großbritannien (schon um 1850 kamen auf 600 Briten 25 Bordelle), dazu viele Inder, vor allem aber Festlandchinesen, die auf Geschäfte mit den Herrschern aus Europa hofften. Auf dem ehemaligen Piratenfelsen ließen sich Millionen scheffeln – auch wegen der Rechtssicherheit im Unterschied zum chinesischen Festland. Die Bevölkerung explodierte: von wenigen Tausend (1841) auf 1,6 Millionen (1941). Die Hongkonger erwiesen sich nicht nur als arbeitswütig, sie trotzten auch den ständigen Piratenüberfällen. Zum dunkelsten Kapitel der Inselgeschichte wurde die japanische Besatzung von 1941 bis 1945; die Soldaten des Tenno folterten und deportierten Zehntausende. Mehr als die Hälfte der Bewohner wurden vertrieben, doch schon wenige Monate nach Kriegsende hatte die Stadt wieder so viele Bürger wie vor der Okkupation. Und sie wuchs weiter. Bürgerkrieg und Mao-Regime spülten in den 50er Jahren Millionen chinesischer Flüchtlinge in die Kolonie; Hongkong wurde zum Ausbeutungsort, der Unmengen an Plastik und Elektronik produzierte. Eine Geldmaschine, die nur kurz stockte, als 1967 Truppen junger Rotgardisten randalierend durch die Straßen zogen. Sieben Monate lang skandierten sie immer wieder: „Briten raus!“, dann schlug die Obrigkeit die von Festlandchina herübergeschwappte „Kulturrevolution“ nieder. Doch die Zeit der Briten war ohnehin begrenzt. Eine Verlängerung des Pachtvertrags lehnte China ab. Peking und London einigten sich 1984 schließlich auf den Anschluss der Kronkolonie an die Volksrepublik nach der Formel „Ein Land, zwei Systeme“: Seit 1997 untersteht Hongkong damit Peking, sein Wirtschafts- und Gesellschaftssystem darf es bis 2047 behalten.

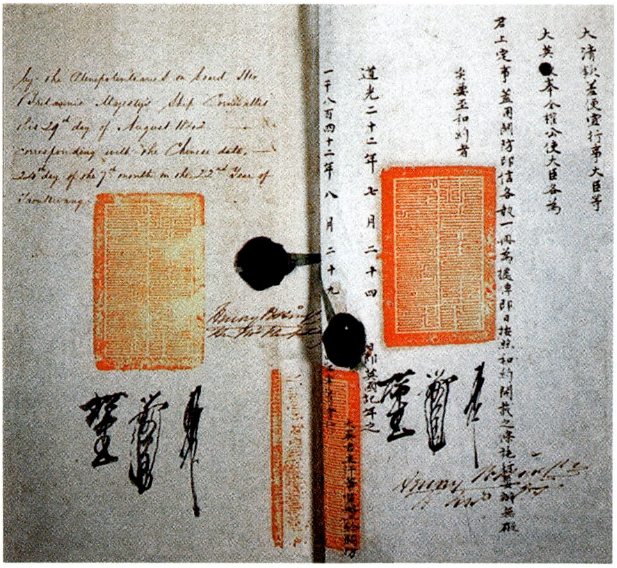

EIN UNGLEICHER FRIEDE

Am 29. August 1842 wurde der Vertrag von Nanjing geschlossen. Hongkong soll auf ewig britisch bleiben, vom Opiumverbot ist keine Rede mehr.

Doch das Parlament in London will von diesem Kompromiss nichts wissen. Sir Henry Pottinger, ein Hardliner, übernimmt die britische Flotte und erobert mehrere Hafenstädte. Im Frühjahr 1842 schließlich steuert er seine Armada in Richtung Jangtse-Mündung, ins Herz des chinesischen Reiches. Sein Ziel ist Shanghai. Die Kriegsschiffe eröffnen das Feuer. Infanteristen nehmen die Stadt fast ohne Gegenwehr. Auch in anderen Städten sind die „fremden Teufel", wie die Chinesen die Engländer jetzt nennen, weit überlegen. Gefangene indes machen sie kaum. Weil sie die Niederlage als Schande empfinden, nehmen sich viele Chinesen das Leben.

DOCH AUCH DIE BRITEN SIND GESCHWÄCHT. Malaria, Durchfall und feuchte Hitze lassen Hunderte krepieren. Kolonien von Ratten bevölkern die Schiffe. Pottinger aber steuert unbeirrt weiter flussaufwärts. Er blockiert den Großen Kanal, die Lebensader Chinas, und erreicht wenige Wochen später die alte Kaiserstadt Nanjing. Niemals zuvor sind Barbaren bis hierher vorgedrungen. Am 5. August 1842 gehen die Truppen vor der Stadt in Stellung. Da sucht der Kaiser um Frieden nach.

Der Vertrag von Nanjing gewährt den Briten umfangreiche Rechte. Nicht nur Kanton ist nun für Ausländer offen, sondern auch vier weitere Städte werden für den Handel freigegeben, darunter Shanghai. Zudem unterstehen Briten in China nicht mehr chinesischem, sondern englischem Recht. Hongkong soll auf ewig britisch bleiben, und von einem Opiumverbot ist keine Rede mehr.

Am 29. August 1842 unterzeichnen die Delegationen vier in Seide gebundene Exemplare des Vertrags an Bord der „Cornwallis". „Es ist ein bemerkenswerter Anblick, die Mandarine mit ihren sperrigen Stiefeln, ihren langen Mänteln und ihren kegelförmigen Hüten neben unseren Marineoffizieren an Deck eines britischen Schiffs zu sehen", schreibt ein englischer Seemann am selben Abend an einen Freund. „Es lässt einen über Gottes Pläne grübeln und hoffen, dass mit diesem Tag wieder eine gesegnete Ära für China beginnt."

Die gesegnete Ära – sie ist der endgültige Untergang des alten Chinas.

Der letzte Kaiser

Die rasant gewachsene Bevölkerung hungert, das Land versinkt im Opiumnebel. Der Kaiser und seine Regierung sind überfordert. Es kommt zu Unruhen. Gleichzeitig nehmen ausländische Mächte immer mehr von China in Besitz, darunter auch die Deutschen. Das schürt den Hass auf die Fremden, der im „Boxer-Aufstand" mündet. Nach dem Tod der mächtigen Kaiserinwitwe wird ein Zweieinhalbjähriger auf den Thron gehievt.

DER LETZTE KAISER

Mit zweieinhalb Jahren besteigt Puyi 1908 den Thron. Vier Jahre später endet seine Herrschaft – und das Kaisertum in China.

Mehr als zehn Jahre währt das Reich des

Der Sohn Gottes liebt das Spektakel. Mehrere Tage lang haben seine Soldaten die alte Kaiserstadt Nanjing geplündert, haben Tausende Männer, Frauen und Kinder verbrannt und ertränkt, doch jetzt, am 29. März 1853, klingt feierliche Musik durch die noch rauchende Stadt. Die Bürger stehen Spalier, als Hong Xiuquan in einer goldenen Sänfte von 16 Männern durch die Straßen getragen wird. Über ihm schwanken als Glückssymbole die Bildnisse weißer Kraniche, hinter ihm reiten 32 Frauen mit gelben Sonnenschirmen, der Farbe des Kaisers. Auch Hong selbst trägt stolz das edle Gelb. Hat er nicht die kaiserlichen Truppen besiegt? Ist er nicht der neue Herrscher des riesigen Reichs? Ist er nicht – der jüngere Bruder von Jesus Christus?

DER KLEINE BRUDER JESU

Der Bauernsohn Hong Xiuquan hielt sich für erleuchtet und errichtete mit 100 000 Anhängern gewaltsam einen Gottesstaat in der Mitte des Reichs.

China, Mitte des 19. Jahrhunderts. Es sind wirre und düstere Zeiten im Reich der Mitte. Erst wenige Jahre zuvor haben die Kaiser den Engländern zugestehen müssen, weiter Opium ins Land zu importieren, haben ihnen die Insel Hongkong überlassen, Entschädigung gezahlt und weitere Häfen für den Handel geöffnet. Immer mehr Silber fließt ab. Nun wird auch noch die Ernährungslage kritisch.

Schon während des 18. Jahrhunderts hat sich die Bevölkerung auf etwa 300 Millionen Menschen verdoppelt; bis 1850 sind noch einmal 100 Millionen hinzugekommen. Die Bauern schaffen es kaum mehr, ihre eigenen Familien zu versorgen. Neue Bewässerungskanäle werden gegraben, bewaldete Bergrücken in Reisterrassen verwandelt, doch die Ackerfläche kann mit der Bevölkerungsexplosion kaum mithalten. Die Felder der Familien werden immer kleiner, ihre Vorratskammern leerer, ihre Wut größer.

OHNEHIN STEHT DIE HERRSCHENDE KLASSE IN SCHLECHTEM RUF. Seit 1644 regieren die Mandschu in der Verbotenen Stadt. Viele ihrer Beamten sind korrupt. Nicht einmal mehr die Gelder für die nötigsten Arbeiten an den Kanälen gelangen an Ort und Stelle. Lastkähne bleiben auf Sandbänken liegen, der Reistransport gerät ins Stocken, und die Versorgungslage verschärft sich weiter.

1850 – es ist eine Zeit der Deflation und Rezession, der Dürren und Überschwemmungen, der Seuchen und des Hungers, der Banden und Warlords. Eine Zeit, in der ein Bauernsohn, der sich für Jesu Bruder hält, ein ganzes Reich verheeren kann.

Hong Xiuquan wird 1814 im Süden Chinas in eine bitterarme Familie hineingeboren. Doch die Eltern wollen ihrem Spross den Aufstieg ermöglichen. Er darf sich für die wichtigen Beamtenprüfungen vorbereiten – aber er schafft sie nie. 1836, als er wieder einmal für ein Examen in der Provinzhauptstadt Kanton weilt, bekommt er ein Heftchen mit übersetzten Bibelstellen in die Finger. Es ist ein krudes Konvolut, die Zehn

Gebote etwa sind auf sechs zusammengekürzt. Hong scheint von der Kurzform der Worte Gottes zunächst wenig angetan, bewahrt das Heft aber auf.

Als er ein Jahr später wieder durch die Prüfung fällt, wird der verzweifelte Hong ohnmächtig. Dabei hat er eine Vision. Ein goldbärtiger Mann übergibt ihm ein Schwert. Ein anderer Mann, er nennt sich „Älterer Bruder", lehrt ihn, damit Geister zu erschlagen.

Sechs Jahre lang weiß Hong mit seinem Traum nichts anzufangen. Er nimmt eine Arbeit als Dorflehrer an. Doch als ihm 1843 nochmals die Beamtenprüfung misslingt, fällt ihm das Bibel-Heft wieder in die Hände. Jetzt hat er die Erleuchtung: Der bärtige Mann muss Gott sein, der „Ältere Bruder" Jesus. Also ist er niemand anderes als des Heilands kleiner Bruder!

Fortan glaubt sich Hong dazu auserkoren, die Chinesen zum Christentum zubekehren und die Mandschu aus dem Reich zu verjagen. Er ist besessen von seiner Mission und schafft es, schon bald 10 000 Anhänger hinter sich zu versammeln. 1850 beschließen die Mandschu-Kaiser, dem Treiben ein Ende zu bereiten. Doch die entsandten Truppen werden von den Gotteskriegern vernichtend geschlagen. Und der Wahn will kein Ende nehmen.

EIN JAHR SPÄTER ÜBERRENNEN HONGS JÜNGER erstmals eine befestigte Stadt, und 1853 – mittlerweile folgen dem Bauernburschen mehrere Hunderttausend – belagern die Rebellen schließlich Nanjing, graben Tunnel unter den Stadtmauern, lassen darin Sprengstoff detonieren, nehmen die Stadt ein. So kann Hong Xiuquan am 29. März 1853 unter fröhlichen Klängen die neue Hauptstadt seines Himmlischen Reichs zu Erden beziehen. Für ihn selbst ist es allerdings erst das Jahr 3, denn Gottes zweiter Sohn hat schon 1851 eine neue Zeitrechnung eingeführt.

Die Kaiser in Peking sind unfähig, die Rebellion niederzuschlagen. So kann Hong in Nanjing Gottes weltliche Heimstatt etablieren. Oder zumindest das, was er dafür hält. Verboten sind Glücksspiel, Opium,

Tabak, Ehebruch und Tanz. Homosexuelle werden auf direktem Weg ins Jenseits geschickt, genauso wie Prostituierte und jeder, der die Macht des neuen Führers infrage stellt. Hongs Reich ist ein totalitärer Gottesstaat mit kommunistischem Einschlag. Jeder Mann und jede Frau soll theoretisch gleich viel Land erhalten; jeweils 25 Familien sollen einem „Wachmann" unterstehen, der Buch über die Produktion führt oder Streitigkeiten schlichtet. All das lässt Karl Marx im fernen Europa zunächst freudig glauben, in China habe man sich „zu einer einzigen gewaltigen Revolution vereint".

Die gewaltige Revolution macht indes beim Führer halt. Hong lässt sich einen mächtigen Palast errichten und gönnt sich mehrere Dutzend Konkubinen. Nebenbei durchforscht er die Bibel nach Hinweisen auf sich (an denen es, findet er, nicht mangelt) und korrigiert Passagen, die er für falsch hält.

Mehrere Male versuchen kaiserliche Truppen, das Reich des selbst erkorenen Messias zu erobern, doch Hongs Jünger können die halbherzigen Feldzüge immer zurückschlagen. So bleibt ein Gebiet im Zentrum Chinas, fast so groß wie Großbritannien, über Jahre hinweg in der Hand der Rebellen. Die Lage der Bauern bessert das nicht. Die versprochene Bodenreform kommt über die Theorie nicht hinaus, ja schlimmer noch:

FERNÖSTLICHER DIWAN

Zwei Männer geben sich beim Rauchen einer Opiumpfeife dem Rausch hin.

Um ihren immensen Bedarf an Proviant zu decken, ziehen die Aufständischen Hunderte von Kilometern durchs Land und verwüsten dabei die einst fruchtbaren Regionen Chinas. Ganze Dörfer verhungern.

ERST ALS ENGLÄNDER, AMERIKANER UND FRANZOSEN, die Hongs Kreuzzug zunächst wohlwollend beobachteten, sich mit lokalen Armeen zusammentun, und der Rebellenführer im Juli 1864 nach kurzer Krankheit stirbt, bricht der Gottesstaat zusammen. Ein paar Jahre später werden die letzten versprengten Rebellen getötet, und Hongs „Himmlisches Reich des Großen Friedens" ist Geschichte. Es hat, so schätzt man heute, mindestens 20 Millionen Menschen das Leben gekostet.

Und ein Ende der düsteren und wirren Zeiten ist nicht in Sicht. Die Politik der Europäer an der Südküste wird immer aggressiver. 1860, im sogenannten zweiten Opiumkrieg, dringt ein anglofranzösisches Expeditionskorps sogar bis nach Peking vor, brennt die Sommerresidenz des Kaisers nieder und zwingt ihn, weitere Häfen für Händler zu öffnen und Botschafter zu akzeptieren.

Schon einige Jahrzehnte zuvor hatte der englische China-Reisende Lord Macartney gemutmaßt, China sei „ein erstklassiges, aber altes und morsches Kriegsschiff, das Glück hatte, von einer Reihe wachsamer Offiziere über Wasser gehalten worden zu sein". Mit weniger fähigen Steuerleuten aber würde es „am Ufer zerschellen".

Nun droht den Mandschu ihr gesamtes Schiff auseinanderzufallen. Während in der Verbotenen Stadt noch immer Eunuchen dem Kaiser die Konkubinen zuführen, noch immer die Mandarine mit Spitzhüten zum Kotau vor ihm niederknien, machen sich Europa und Chinas Nachbarn daran, das Reich der Mitte zu filetieren. Die Mandschurei und Teile der Mongolei geraten unter russischen Einfluss; Vietnam und die Insel Hainan sind französisch; Macau gehört schon seit 1557 den Portugiesen, und in Burma, Hongkong und im Hafen Weihaiwei haben die Briten das Sagen. Japan, das kurz zuvor noch rückständiger war als China, kann Taiwan und die Halbinsel Korea erobern und Teile der Mandschurei unter seine Kontrolle bringen. Und schließlich will auch der Newcomer unter den Großmächten seinen, wie man dort formuliert, „Platz an der Sonne“.

1897 ist der ersehnte Anlass gefunden: Zwei deutsche Missionare werden getötet. Die Marine entsendet Kreuzer mit Soldaten, die am 14. November 1897 unter Marschklängen die Bucht rund um den Fischerort Qingdao an der nördlichen Westküste einnehmen. Um 14.20 Uhr wird die schwarz-weiß-rote Flagge gehisst – der Kaiser in Berlin hat seine Kolonie in Fernost.

infografik Axel Kock; Recherche: Klaudia Thal; Quelle: Großer Historischer Weltatlas; Weltatlas der Alten Kulturen; D. Preston, Rebellion in Peking

Zunächst versprüht das neue Stückchen Deutschland wenig wilhelminischen Glanz. Gerade einmal 1000 Menschen leben in Qingdao – damals auf Deutsch Tsingtau –, zumeist in „ärmlichen Lehmhütten, mit Seetang und Weizenstroh gedeckt, eng aneinandergedrängt" und mit „winzigen, papierbekleideten Fensterchen", wie ein Offizier notiert. Zwar haben die Deutschen als seefahrende Imperialisten wenig Erfahrung, doch umso eifriger machen sich Wilhelms Mannen ans Werk, ein Schaufenster für die teutonische Wertarbeit zu errichten.

INNERHALB WENIGER JAHRE wird das Fischerdorf herausgeputzt. Das Kaiser-Wilhelm-Ufer säumen bald weiße Villen mit roten Dächern, das Bahnhofshotel, Ecke Wilhelmshavener/Hohenzollern-Straße, protzt spätgotisch, die Handelshäuser in der Prinz-Heinrich-Straße erinnern an norddeutsche Küstenstädte. Es gibt deutsche Klubs und Kirchen, eine Baumschule und eine Brauerei, Kaisers Geburtstag wird ebenso zele-

Der Aufstieg der Kaiserinwitwe

Krieg mit Japan

IN CHINA

1842
Ende des ersten Opiumkrieges. Im Vertrag von Nanjing muss China weitere Vertragshäfen öffnen, Hongkong wird britisch

1850–1864
Taiping-Aufstand. Bauernführer Hong Xiuquan herrscht über einen totalitären Gottesstaat im Herzen Chinas

1858–1860
Zweiter Opiumkrieg. Opiumimport wird endgültig legalisiert. Ein anglofranzösisches Expeditionskorps besetzt Peking

1861
Kaiserinwitwe Cixi übernimmt de facto die Regentschaft

1894–1895
Niederlage Chinas im Krieg gegen Japan

ÜBRIGE WELT

1849
Preußischer König Friedrich Wilhelm IV. lehnt deutsche Kaiserkrone ab. Damit ist die demokratische Revolution von 1848 endgültig gescheitert

1852
Napoleon III. übernimmt die Macht in Frankreich

1858
Erstes transatlantisches Telegrafenkabel

1867
Die USA kaufen Alaska von Russland für 7,2 Millionen Dollar

1871
Gründung des Deutschen Reichs. Wilhelm I. wird deutscher Kaiser

1886
Karl Benz erhält das Patent für den dreirädrigen Motorwagen. Das gilt als die Geburtsstunde des Automobils

briert wie der Sedan-Tag, und abends locken nicht nur Wirtshäuser, sondern auch ein Gesangstreff, eine Turnerriege und zwei Radfahrvereine.

8500 Kilometer östlich von Berlin herrscht preußische Regelungswut. Besonders die Rikscha-Fahrer geraten ins Visier. Sie müssen ihr Gefährt nun beim „Gewerbe-Polizei-Büro" auf Fahrtauglichkeit überprüfen lassen, ihr Tarif wird auf fünf Cent pro Viertelstunde festgesetzt (nachts das Doppelte), ihnen wird verboten, die Passanten durch Rufe zu belästigen, und als sich einige Europäer über strengen Geruch beklagen, untersagt die Polizei den Fahrern auch noch, vor Antritt der Arbeit Knoblauch zu essen.

Ohnehin soll sich der Kontakt zwischen Deutschen und Chinesen in geordneten Grenzen halten. Die „Allgemeinen Vorschriften für die Erhaltung der öffentlichen Gesundheit" trennen die Stadt in Wohnquartiere für Europäer und Chinesen. Rassismus ist weit verbreitet. Die Leserbriefseiten der „Tsingtauer Neuesten Nachrichten" sind durchsetzt

Gefangene Boxer

Kaiser Puyi

1897
Deutsche Marinesoldaten besetzen die Region um Qingdao

1900
Boxer-Aufstand: Antiausländische Guerillakämpfer belagern das Gesandtschaftsviertel von Peking. Alliierte Truppen schlagen sie zurück

1904–1905
Während des russisch-japanischen Kriegs besetzt Japan die Mandschurei

1908
Tod der Kaiserinwitwe Cixi. Der zweieinhalbjährige Puyi wird letzter Kaiser Chinas

1912
Am 1. Januar wird die Republik China gegründet

1888
Wilhelm II. wird deutscher Kaiser

1895
Gründung der Kolonie Französisch-Westafrika

1898
Marie und Pierre Curie entdecken die radioaktiven Elemente Polonium und Radium

1904
Die USA beginnen mit dem Bau des Panamakanals. Beim zehnjährigen Bau sterben über 5000 Arbeiter durch Unfälle und Krankheiten

1905
Albert Einstein veröffentlicht die spezielle Relativitätstheorie

1910
Gründung der Südafrikanischen Union

1914
Ausbruch des Ersten Weltkriegs

Das „Gewerbe-Polizei-Büro" regelt

KLEIN-DEUTSCHLAND 8500 KILOMETER ÖSTLICH VON BERLIN

Ein Mann zieht eine Rikscha durch die Straßen von Qingdao. Hier hatten wilhelminische Kolonialbeamte eine Stadt wie in der Heimat bauen lassen – bis hin zur neuromanischen St. Michaelskirche (oben). In Hanku feiern Deutsche die Einweihung einer Eisenbahnbrücke (unten).

mit Klagen der Kolonialherren. Die Chinesen hätten „keine Ahnung von Pflichterfüllung", ihre Bediensteten seien von großer „Trägheit". Bei den einheimischen Soldaten bedauert der Kommandant den „Mangel jeglichen Ehrgefühls und alles dessen, was wir anständige Gesinnung nennen", und klagt über „Verlogenheit, Rachsucht und Geldgier". Und fühlt sich ein Deutscher dann doch mal bemüßigt, wie der Geologe Ferdinand von Richthofen, Positives über chinesische Arbeiter zu äußern, so klingt auch dabei Herrenmenschentum mit: „Bei geringer Zuführung von Nahrung leistete der gemeine Mann Staunenswertes in Arbeit und Ausdauer."

SO SIND JENE 550 QUADRATKILOMETER fernöstliches Deutschland, kaum anders als die anderen europäischen Eroberungen an der Küste, ein Spiegelbild abendländischer Arroganz.

Doch warum ist China, dieses einst so hoch entwickelte und mächtige Land, überhaupt unfähig, sein Territorium zu verteidigen?

Es ist, als gälten zwei Zeiten im Reich der Mitte. Während die Ausländer an der Küste Städte nach europäischem Vorbild bauen, während ihre Dampfboote die Flüsse befahren, ihre Kanonen mit Leichtigkeit hölzerne Dschunken zerlegen, lebt man hinter den zehn Meter hohen Mauern der Verbotenen Stadt noch immer nach den Riten vergangener Jahrhunderte. Es ist eine Welt voll opiummüder Eunuchen und intrigenspinnender Minister, mit Nachttöpfen aus Sandelholz und Kopfkissen aus Rosenblüten; eine Welt, in welcher der Kaiser beim Spaziergang von einer Karawane aus Eunuchen begleitet wird, ja, in der eine Ministerialabteilung als einzige Aufgabe hat, der Kaiserinwitwe Gemälde vorzuzeichnen, so dass diese die Flächen nur noch auszufüllen hat. Und in den Händen ebendieser Witwe liegt seit 1861 die Macht in Peking. Sie gilt als eine der skrupellosesten Frauen der chinesischen Geschichte.

Cixi kam 15-jährig im Jahre 1851 als Konkubine fünften Ranges in die Verbotene Stadt. Sie war hübsch, der Kaiser schätzte ihre Nähe. Sie gebar ihm einen Sohn – seinen einzigen männlichen Nachkommen. Der Nachwuchs ist der Grundstein ihres Aufstiegs.

KARRIERE EINER KONKUBINE FÜNFTEN RANGES

Angeführt vom Ober-Eunuchen tragen Palastdiener 1880 die Kaiserinwitwe Cixi in einer Sänfte durch die Verbotene Stadt.

Als der Kaiser 1861 stirbt, wird Cixi de facto Regentin, stellvertretend für den minderjährigen Knaben. Als auch dieser 1875, gerade einmal 18 Jahre alt, dahinscheidet, wagt sie den nächsten Schritt: Sie treibt zunächst dessen schwangere Frau in den Selbstmord, um anschließend erneut einen ihr gefälligen Minderjährigen auf dem Thron zu platzieren: ihren dreijährigen Neffen. Die Fäden indes zieht sie weiter selbst.

DIE UNTERTANEN NENNEN CIXI MIT RESPEKT „ALTER DRACHE". Noch mehr allerdings sind die in Peking weilenden Ausländer von der Schattenkaiserin fasziniert. Zahlreiche Gerüchte ranken sich um Cixis vermeintliche sexuelle Gelüste. Besonders der Engländer Edmund Backhouse errichtet in seinen frei erfundenen Erzählungen die Welt einer nymphomanischen Kaiserin, die Orgien mit falschen Eunuchen zelebriert. Einmal sei er sogar selbst zum Liebesakt mit der Kaiserin einbestellt worden. Dabei, so fabuliert Backhouse, habe der Obereunuch ihm sein Geschlechtsteil mit Sandelholzessenz eingesalbt und ihn anschließend über die „abnorm große Klitoris“ der Kaiserin aufgeklärt. Über den Korrespondenten der Londoner „Times“, einen Freund von Backhouse, gelangt dieses abstruse Bild Cixis bis nach Europa.

Die Lage wäre auch ohne die Palastintrigen prekär. Denn Cixis Politik ist, etwa im Eisenbahnbau, wenig fortschrittlich. Noch 1877 lässt ein Provinzgouverneur den ersten in China verlegten Schienenstrang aufkaufen und wieder herausreißen: Das dampfende Ungetüm, so seine Auffassung, zerstöre die Harmonie von Natur und Mensch. Verfügen die USA 1896 über ein Schienennetz von 290 000 Kilometern, Frankreich über eines von 40 000, gibt es in ganz China gerade einmal 600 Kilo-

DAS ENDE DER REVOLTE
Einer der Teilnehmer am Boxer-Aufstand wird 1900 in Peking öffentlich enthauptet.

HANDELSWARE KIND

Hungernde Chinesen schieben einen Karren mit Kindern durch eine Stadt in der Provinz Shandong. Weil sie ihren Nachwuchs nicht mehr ernähren können, bieten sie ihn auf dem Markt feil.

meter Gleise. Mit Telegrafennetzen oder Dampfschifffahrtsgesellschaften versuchen einige Reformer den Vorsprung des Westens und Japans zumindest nicht noch weiter anwachsen zu lassen. Doch ein schwerfälliger Beamtenapparat lässt alle Versuche rasch versanden.

Als schließlich der mittlerweile erwachsene Kaiser Guangxu selbst wagt, Reformen zu dekretieren – die Kunst der Kalligrafie etwa soll kein Hauptauswahlkriterium für Beamte mehr sein –, lässt Cixi im September 1898 den Kaiser festnehmen und auf einer Insel in einem See nahe der Verbotenen Stadt einsperren. Auf dem Steg zum Ufer postiert sie Wachen. Anschließend verkündet sie per Dekret: „Da der Kaiser erkrankt ist, hat die Kaiserinwitwe die Regentschaft übernommen."

IMMER OHNMÄCHTIGER WIRD SO DAS REICH gegenüber den Barbaren aus Europa. Unter den Bauern, den Handwerkern und Tagelöhnern wächst der Unmut. Eine antiwestliche Guerillabewegung entsteht. Die Männer tragen rote Tücher um den Kopf und rote Bänder um Hand-

Für die
Hotline-Nummer
„88 88 88 88"
zahlte Sichuan
Airline 282 000
Dollar

Aberglaube
Zahlenspielereien

Lange Nudeln, langes Leben. Süße Speisen, süßes Jahr. Und nie die Essstäbchen senkrecht in den Reis stecken - denn das tut man im Gedenken an Verstorbene mit den Räucherstäbchen. Der chinesische Aberglaube drückt sich vornehmlich in Analogien aus. Und die wiederum oft in Wortspielen, die auf dem Gleichklang bestimmter Silben beruhen, aber Unterschiedliches bedeuten. Neue Schuhe während der Neujahrstage zu kaufen soll Unglück bringen, da das Wort Schuh, „xiezi", klingt wie das hochchinesische „xie", was schlecht, böse und ungesund bedeutet.

Die Zahl Vier (si) gilt in ganz China als Unglückszahl - denn ein anderes „si" bedeutet Tod. In einem Hotel im vierten Stock zu schlafen überlässt man den Ausländern, man setzt nie vier Personen an einen Tisch. Und in der Telefonnummer soll auch keine 4 vorkommen. Umgekehrt ist es mit der Ziffer 8: „ba" auf Hochchinesisch, „fa" auf Kantonesisch: Es bedeutet auch Reichtum und Glück. Einen Vertrag am Achten eines Monats zu unterzeichnen, womöglich gar um acht Uhr, gilt als sehr glückverheißend. So ist es nur logisch, dass die Olympischen Spiele am 8.8.08 begannen.

Selbst Unternehmen, die an die Börse gehen, bemühen mitunter die Zahlenmystik: Bevor die Bank of Communications 2005 zum ersten Mal ihre Aktien an der Hongkonger Börse anbot, beantragte sie die Wertpapiernummer 3328. In der kantonesischen Aussprache der Zahlen bedeutet die Lautfolge auch „leicht reich werden". Für die Aktionäre hat es funktioniert: Der Aktienkurs hat sich vervierfacht.

Wahrscheinlich haben die Anleger in der Zeit kein Buch (shu) angefasst. Denn während man spekuliert, vermeidet man tunlichst, ein Buch zu lesen. „Shu" bedeutet auch Verlust. Manch einer lässt sich seine Glückszahlen richtig was kosten: 2004 ersteigerte ein Chinese für fast eine Million Euro die Handynummer 135 85 85 85 85. Die liest sich wie „Lass mich reich sein, reich sein, reich sein, reich sein".

DREI ZENTNER GESCHULTERT
Träger transportieren gepresste Teeblätter von Sichuan nach Tibet.

und Fußgelenke. Sie nennen sich „Gesellschaft für Kameradschaft und Harmonie". Für die Westler, die sie beunruhigt auf Plätzen und Straßen beim Schattenboxen sehen, sind es einfach nur die „Boxer".

Gerade einmal 10 000 Ausländer leben um 1900 im 470-Millionen-Reich China. Doch ihre luxuriösen Häuser hinter hohen Wällen, ihre Dampfschiffe, Eisenbahnen und Kanonen machen sie zu den heimlichen und vor allem unheimlichen Herrschern des Reiches. Besonders die Religion der Ausländer nährt Gerüchte. Sie praktizierten Inzest und Sodomie, raunt man sich zu, Ordensschwestern schnitten Kindern Augen heraus, um daraus Medizin zu gewinnnen, und Flugblätter informieren: „Alljährlich zu Sommeranfang verschaffen sich die Knaben Menstruationsblut von den Frauen, beschmieren damit ihr Gesicht und gehen in die christliche Kirche, um dort zu beten."

Die Stimmung im Land ist aufgeheizt. Die Boxer reißen Eisenbahngleise aus der Erde und zerschneiden Telegrafendrähte – von denen, so heißt es, tropfe Blut (es ist vom Rost der Drähte gefärbter Regen). Bald werden die ersten Missionare ermordet. Im Frühjahr 1900 tauchen die Boxer schließlich auch in Peking auf, einige kaiserliche Soldaten schließen sich ihnen an.

Im abgeschirmten Gesandtenviertel der Hauptstadt, einem Quadrat von etwa 400 Metern Länge südlich der Verbotenen Stadt, ist man zusehends beunruhigt. Eigentlich lebt es sich nicht schlecht im Schatten der alten Kaiserpaläste. Es gibt außer den elf Botschaften noch zwei gut sortierte deutsche Gemischtwarenläden, Imbeck und Kierulff, das luxuriöse Peking-Hotel, dazu Banken, Büros und Gärten. Doch jetzt wird das Viertel zum goldenen Käfig.

Am 20. Juni 1900 macht sich der deutsche Gesandte Clemens Freiherr von Ketteler auf den Weg ins chinesische Außenministerium, um die Haltung der Kaiserin zur Lage im Land herauszufinden. Von Ketteler lässt sich wie gewohnt in einer Sänfte tragen und pafft dabei, ein Buch in der Hand, genüsslich seine Zigarre. Doch er kommt nur wenige Meter weit – dann wird er von einem Soldaten erschossen. Tags darauf verkündet die Kaiserin: „Unter Tränen haben Wir in den Tempeln Unserer Ahnen den Ausbruch des Kriegs verkündet." Der Boxer-Aufstand hat offiziell begonnen.

ES IST EIN SELTSAMER KAMPF. Auf der einen Seite die rot gewandeten Boxer, unterstützt von kaiserlichen Soldaten. Auf der anderen die knapp 500 ausländischen Diplomaten, Kaufleute und Soldaten, die ihr kleines Viertel mit Barrikaden zu einer Art Zitadelle umfunktionieren. An Verpflegung mangelt es den Eingeschlossenen zunächst nicht. Es gibt Fleischkonserven und Zigarren, erst später muss man auch Turnierpferde schlachten.

Fast acht Wochen lang währt die Belagerung. An manchen Tagen versuchen die Boxer mit aller Kraft, die Barrikaden zu stürmen. An anderen überbringen Emissäre Friedensangebote, Schwarzhändler verkaufen sogar dringend benötigte Munition.

Die Herrscherin Cixi, geschminkt und hergerichtet im klassisch-chinesischen Stil

Schönheit
Brutale Rituale

Zentimeterlange Fingernägel krallen sich in Satin, schwer drückt der Kopfschmuck, darunter blickt starr ein kalkweiß gepudertes Gesicht. Wer Fotos der Kaiserinwitwe Cixi sieht, der ahnt: Schön zu sein ist im China der Kaiserzeit kein Vergnügen.

Schon das Schminkritual der Tang-Zeit (618–907) umfasst sieben Schritte: vom Pudern des Gesichts über das Nachziehen der Brauen nach Anleitung spezieller Formenbücher bis zum Verzieren von Stirn und Wangen mit Rouge, Gold, Muscheln.

Auch das Richten der Haare erfordert Kunstfertigkeit: Erst werden Staub und Schmutz mit Kämmen verschiedener Größe entfernt, dann formt man die Haare mithilfe von Papierschablonen zu komplizierten Frisuren, fixiert sie mit Öl und schmückt sie mit Perlen, Federn, Spangen, Blumen. „So sieht

der Kopf einer schönen Frau aus, als ringelte, drehte, flöge und tanzte er", schwärmt im 17. Jahrhundert der Theaterdichter Li Yu.
Seine Schrift über die „Vollkommene Frau" ist die wohl älteste Schminkschule der Welt: Puder, empfiehlt er dort, solle man nur in mehreren Schichten auftragen („so wird die Dicke der Farbe überall gleichmäßig"), beim Lippenschminken hingegen genüge ein einziger Strich: „Dann sehen sie aus wie eine Kirsche." Besonderen Wert legt Li Yu auf den Teint: „Glatt und glänzend wie Seidengaze" solle er sein, vor allem aber hell. Das gilt als Zeichen von Wohlstand und Sittlichkeit.
Cixi etwa schluckte angeblich täglich Perlenstaub, um die Haut zu bleichen und zu straffen. Li Yu hingegen rät, das Haus einfach gar nicht mehr zu verlassen – und zuzunehmen: „Schlaffe Haut ist nur schlaff, weil zu wenig Fleisch und Blut da sind. Man muss sie nähren." Doch auch nicht zu viel: Zart wie eine Blume soll die Frau bleiben; die hilfsbedürftige, etwas schwächliche Schöne, die sich nach dem Geliebten verzehrt, ist ein viel besungenes Ideal. Oft genug entspricht es sogar der Realität.
Denn mit den seit dem 10. Jahrhundert in den höheren Schichten verbreiteten „Lotusfüßen" kann sich kaum eine Frau ohne Hilfe bewegen. Die spitz zulaufenden, meist nur zehn Zentimeter langen Stummelfüße sollen an Lotusblüten erinnern. Sie sind das Resultat eines brutalen Rituals: Im Kindesalter werden die Zehen an die Fußsohle gebunden, bis die Knochen brechen. Oft entzünden sich die Wunden, zwischen den bewegungsunfähigen Zehen sammelt sich Schmutz. Klagen über den Gestank sind verbreitet. Trotzdem gelten Lotusfüße als Gipfel der Erotik.
Über ihre Zierlichkeit werden Gedichte verfasst, manch einer besteht sogar darauf, einen Tee erst zu trinken, nachdem die Geliebte ihren Lotus hineingetunkt hat. Wer normale Füße hat, versucht zumindest, den Hüftschwung der Lotusfrauen durch das Tragen von Plateauschuhen zu imitieren. 1902 wird das Füßebinden erstmals verboten. Doch bis die Sitte tatsächlich endet, vergehen Jahrzehnte. Erst 1988 schließt die letzte Fabrik für Lotus-Schuhe ihre Pforten.

INS HERZ DES REICHS

Alliierte Truppen stürmen im Sommer 1900 die Verbotene Stadt.

Im Gesandtschaftsviertel selbst, hinter hastig gemauerten Schießscharten und aus Seide improvisierten Sandsäcken, herrscht die Atmosphäre eines Fin-de-Siècle. Wein und Champagner helfen, den grässlichen Gestank der in der Sommerhitze verwesenden Leichen zu ertragen.

Am 14. August 1900 erreicht endlich das von der Küste herbeigeeilte ausländische Entsatzheer die Hauptstadt und befreit ohne große Mühe die Eingeschlossenen. Die Bilanz des eigentümlichen Kleinkriegs: ein vollkommen zerschossenes Häuserquadrat, 66 tote Ausländer, 150 Verletzte und eine unbekannte Zahl getöteter Chinesen.

Cixi selbst ist da schon heimlich, „wie ein deprimierter Schakal", so beobachtet ein Dorfrichter, mit ein paar Tausend Leibgardisten aus der

Stadt geflüchtet. Angeblich hat sie sich auf eine „Inspektionsreise" durchs Reich begeben. Das glaubt zwar niemand, dennoch gelingt es ihr, ein halbes Jahr später auf den Thron zurückzukehren. Mit den Ausländern macht sie mangels Alternative ihren Frieden und lädt sogar deren Damen zum Tee. Am 15. November 1908 stirbt sie schließlich im Alter von 73 Jahren.

Ihrem letzten Edikt folgend wird am 2. Dezember 1908 ihr zweieinhalbjähriger Großneffe Puyi zum Kaiser erhoben. Bei seiner Krönung weint der kleine Puyi ohne Unterlass, weil er nicht versteht, weshalb an diesem kalten Morgen eine endlos lange Prozession von Menschen vor ihm niederkniet. Und ebenso unverstanden fliegen wohl die letzten Jahre des kaiserlichen Chinas am Knabenkaiser vorbei. Eine revolutionäre Bewegung gewinnt im geschwächten Staat immer mehr an Boden, schließlich explodiert am 9. Oktober 1911 versehentlich eine Bombe der Verschwörer. Weil ihr Versteck aufzufliegen droht, schlagen sie los. Einige Militärgouverneure schließen sich ihnen an. Innerhalb weniger Wochen fällt das einst so mächtige Kaisertum in sich zusammen wie ein Kartenhaus.

Am 12. Februar 1912 verkündet der sechsjährige Puyi, an seiner Stelle herrsche fortan eine republikanische Regierung. Nach 2132 Jahren Kaisertum tritt das alte China, das Reich der Terrakotta-Armee, der hoch organisierten frühen Millionenstädte, der Krieger und Konkubinen, in die Moderne.

Oder besser: Es tapst ihr unsicher entgegen.

Der Aufstieg Maos

Mit dem Ende der Monarchie beginnt eine Zeit der Wirren. Zwei Männer stehen sich bald als Todfeinde gegenüber: der nationalistische General Chiang Kai-shek und der Anführer der Kommunisten, Mao Zedong. Tausende sterben im Kampf der Kuomintang gegen die Truppen des Bauernführers. Der steht kurz vor dem Ende, als Japans Armee China überfällt. 1945 geht der Bürgerkrieg weiter. Er endet mit Maos Sieg und der Gründung der Volksrepublik.

NICHT MAL JEDER ZEHNTE HÄLT DEN LANGEN MARSCH DURCH

Gebannt lauschen die Menschen den Worten von Mao Zedong. Das Foto entstand in den Jahren 1934/35, als die Kommunisten Tausende Kilometer vor den überlegenen Truppen der Nationalisten fliehen mussten.

in China gerät Mao und seinen Genossen zum **Fiasko**

Wahrscheinlich ahnt die junge Frau, dass sie sterben muss. Sie lebt mit drei kleinen Söhnen in einem Bauernhaus am Rand der Stadt Changsha in Südchina, mit Blick auf Hügel und Gemüsefelder. Der Bürgerkrieg tobt. Voller Todesangst und Sehnsucht schreibt sie Botschaften an ihren Mann, der sie drei Jahre zuvor verlassen hat: „Ich bin schwach, ich habe Angst, getötet zu werden, und ich fürchte mich so vor dem Morden."

Kai-hui, die junge Frau, wickelt die Briefe sorgfältig in Wachspapier ein, damit Feuchtigkeit die Tinte nicht verwischt. Doch sie schickt sie niemals ab. Sie versteckt die Botschaften in Wandspalten und unter einem Balken direkt vor ihrem Schlafzimmer. Es sind düstere Zeilen: „Töten, töten, töten! Das ist das Einzige, was ich höre. Warum sind die Menschen so böse? Warum so grausam? Warum?"

ALS DIE PAPIERE GEFUNDEN WERDEN, 60 Jahre später, gelten sie sofort als Geheimmaterial. Bis heute sind nicht alle Briefe bekannt, die Kai-hui, die zweite Frau Mao Zedongs, 1930 heimlich schrieb. Das chinesische Volk soll nicht wissen, wie der Revolutionär mit seiner Frau umging: Als sich die 29-jährige Kai-hui in Todesangst verzehrt, hat Mao längst eine andere geheiratet. Und als sie wenige Monate später hingerichtet wird, erschossen von den politischen Gegnern ihres Mannes, lebt Mao nur wenige Kilometer entfernt. Er hätte sie warnen, retten, befreien können. Aber er unternahm nichts.

Die Chinesen sollen auch nicht wissen, was Kai-hui, die einstige Gesinnungsgenossin des großen Vorsitzenden, von dessen politischen Methoden hielt. „Es gibt so viele Menschen, die das Töten genießen, dass wir darüber fröhliche Artikel finden", schreibt sie. „Meine Vorstellung, dass nur wenige Menschen andere Menschen töten, erweist sich als falsch. So habe ich Bekanntschaft mit dem Zeitgeist gemacht."

EIN DÜRFTIGER REDNER UND BEGABTER INTRIGANT
Der 40-jährige Mao Zedong bei einer Parteikonferenz 1933 in der Provinz Jiangxi. Die Gesandten aus Moskau, ohne deren Geld die Kommunisten ihren Kampf kaum führen konnten, beklagten sich über den politisch unzuverlässigen Sekretär des Zentralkomitees.

ERST GENOSSIN, DANN KRITIKERIN DER REVOLUTION

Maos zweite Frau Kai-hui mit zwei Söhnen. Gegen ihre Hinrichtung unternahm der Kommunistenführer nichts.

Mao hatte sich schon zu Beginn seiner Karriere für den Weg der Gewalt entschieden. Säuberungen, Folter, Intrigen säumen seinen Weg vom bitterarmen Bibliothekar bis an die Spitze der Kommunistischen Partei Chinas. Eine Revolution sei „kein Bildermalen oder Deckchensticken", tönt Mao bereits 1927 und fordert eine „Schreckensherrschaft in jedem Bezirk". Die Folgen seiner Politik nimmt er bewusst in Kauf: „Es kann sein", sagt er, „dass die Hälfte der Chinesen sterben muss."

Und Mao, bis heute gefeierter Revolutionär und Volksheld, macht seine radikalen Phrasen wahr. Am Ende sind es zwischen 40 und 70 Millionen Menschen, die erschossen, erschlagen oder zu Tode gefoltert werden oder die der Diktator in den 50er Jahren an Hunger krepieren lässt.

Es ist eine grausame Zeit, in die Mao Zedong am 26. Dezember 1893 als Sohn eines halbwegs wohlhabenden Bauern hineingeboren wird. Seit Mitte des 19. Jahrhunderts erschüttern blutige Aufstände das Land, Hungersnöte breiten sich aus. Die Bauern leiden unter jämmerlicher Armut. Die meisten von ihnen besitzen kein Land und müssen es von Großbauern pachten, denen sie schutzlos ausgeliefert sind.

SELBST GELEHRTE UND KAUFLEUTE verweigern den Mandschu-Kaisern die Gefolgschaft. 1912 dankt der letzte Kaiser ab, er ist sechs Jahre alt. Doch unter dem ersten Präsidenten verwandelt sich die junge Republik rasch in eine Militärdiktatur. Damit fangen die Wirren erst richtig an.

Militärcliquen, Provinzgouverneure und Räuberbanden beherrschen nun das Land. Banditen fallen über Dörfer her, überall entstehen lokale Schutztruppen. Regionen, die erst von den Kaisern der letzten Dynastie erobert wurden, erklären sich für unabhängig.

1919 kommt es zu Studentenaufständen in Peking, schließlich zu Streiks im ganzen Land. Anlass sind Nachrichten aus Europa, wo der Vertrag von Versailles das Ende des Ersten Weltkrieges besiegelt. Obwohl China auf der Seite der Allianz gestanden hat, sprechen die Siegermächte Japan chinesische Gebiete zu. Das Land fühlt sich betrogen, die Menschen gehen auf die Straße. Studenten, Intellektuelle, Kaufleute und Unternehmer – sie alle sehnen sich nach einem neuen China, stark, selbstbewusst und modern.

Chen Duxiu, Gründer der einflussreichen Zeitschrift „Neue Jugend“, fordert die Chinesen auf, mit Konfuzius zu brechen, Chinas größtem Philosophen. Lange genug hätten die Chinesen die Alten verehrt, schreibt er, nun sei die Zeit der Jugend angebrochen. Gesucht ist ein Staatsmodell, das mit den alten Traditionen der Unterwerfung nichts mehr zu tun hat und sich gleichzeitig von den westlichen Ländern abhebt.

Mit Interesse beobachten die Intellektuellen deshalb die Ereignisse in Russland, wo Lenin die bürgerliche Regierung gestürzt hat und der Zar ermordet worden ist. Auch an den chinesischen Universitäten entstehen radikale Gruppen. Unter denen, die nun die Werke von Marx

DER BÜRGERLICHE REVOLUTIONÄR

General Chiang Kai-shek spricht 1928 aus dem Sattel heraus zu seinen Truppen. Ein Jahr zuvor hat er mit Mao gebrochen. Er schlägt einen Aufstand in Shanghai nieder, verlegt die Hauptstadt nach Nanjing und bildet dort eine Regierung.

und Lenin studieren, ist auch ein junger Hilfsbibliothekar in Peking: Mao Zedong. Tatsächlich wäre aus den revolutionären Zellen wohl nie eine große Partei entstanden, hätte die Sowjetunion die chinesischen Genossen nicht von Anfang an unterstützt. China, so der Moskauer Plan, soll als Puffer zu Japan fungieren, gegen das Russland erst 1905 einen Krieg verloren hat.

VON ANFANG AN STEHEN DIE GENOSSEN AUS CHINA unter der Kontrolle Moskaus. Ständig reisen Kader an, um die Chinesen auf Linie zu bringen. 1921 finanzieren die Russen 94 Prozent aller Ausgaben der Kommunistischen Partei. Das Geld reicht sogar aus, um hauptberufliche Revolutionäre zu bezahlen. Einer von ihnen ist Mao, der eher zufällig zum Profi-Klassenkämpfer wird.

Mao ist seit 1920 mit Kai-hui, der Tochter des Intellektuellen Chen, verheiratet und arbeitet nun als Schuldirektor in Changsha. Die Familie hat wenig Geld. Mao fühlt sich überarbeitet: „Meiner Ansicht nach ist eine Arbeit, bei der man nur das Gehirn beansprucht, sehr hart, daher spiele ich mit dem Gedanken, etwas zu lernen, bei dem man mit den Händen arbeitet, etwa Socken stopfen oder Brot backen." Als er umsattelt und hauptberuflicher Parteisekretär seiner Heimatprovinz Hunan wird, frohlockt er: „Ich bin glücklich, weil ich abgesehen von der Aufgabe, gesünder zu werden, keine Verpflichtung oder Verantwortung habe … Ich bin damit beschäftigt, jeden Tag gut zu essen."

Anders als Lenin ist Mao kein leidenschaftlicher Redner, er reißt die Massen nicht mit. Genossen klagen immer wieder über seine Intrigen, vorübergehend wird er aus dem Zentralkomitee der Partei ausgeschlossen und überwirft sich mit den Russen. „Wenn Sie den ZK-Sekretär Mao hören könnten, würden Ihnen die Haare zu Berge stehen", meldet ein sowjetischer Funktionär in die Heimat. Auch für die Belange der Bauern interessiert sich der später als Bauernführer berühmt Gewordene erst, als die Sowjets darauf dringen. Und doch zeigt Mao früh Talent: Er ist ein begnadeter Machtpolitiker, er ist brutal, ein eiskalter Taktiker, der alles tut, um seine Interessen durchzusetzen.

HAUPTGEGNER DER KOMMUNISTISCHEN PARTEI ist die „Kuomintang“, die Nationalistische Partei des Generals Chiang Kai-shek, eines bürgerlichen Revolutionärs. Zuvor waren die beiden Parteien mehrere Jahre lang vereint, auch die Nationalistische Partei erhielt Hilfe aus der Sowjetunion. Kommunisten und Kuomintang kämpften gemeinsam, um gegen Warlords vorzugehen, lokale Kriegsherren, und zu verhindern, dass China zerfiel. Doch immer wieder gibt es Streit über die Enteignung und Neuverteilung des Bauernlandes. Zu tief sind die ideologischen Gräben. 1927 bricht Chiang Kai-shek mit den Genossen. Er lässt einen Volksaufstand in Shanghai niederschlagen, Tausende Kommunisten hinrichten, er verlegt die Hauptstadt von Peking nach Nanjing und bildet eine eigene Regierung. Mao steht auf der Fahndungsliste der Polizei und flieht in seine Heimatprovinz. Von da an herrscht Krieg zwischen den ehemaligen Partnern.

Kurz nach dem Bruch mit Chiang Kai-shek soll Mao auf Drängen russischer Funktionäre einen Bauernaufstand organisieren: „Die Anordnung ist so brillant“, meldet Mao pflichtgemäß an die Russen, „dass

MARIONETTEN-KAISER

Die Japaner machen Puyi 1934 zum Monarchen in der von ihnen besetzten Mandschurei.

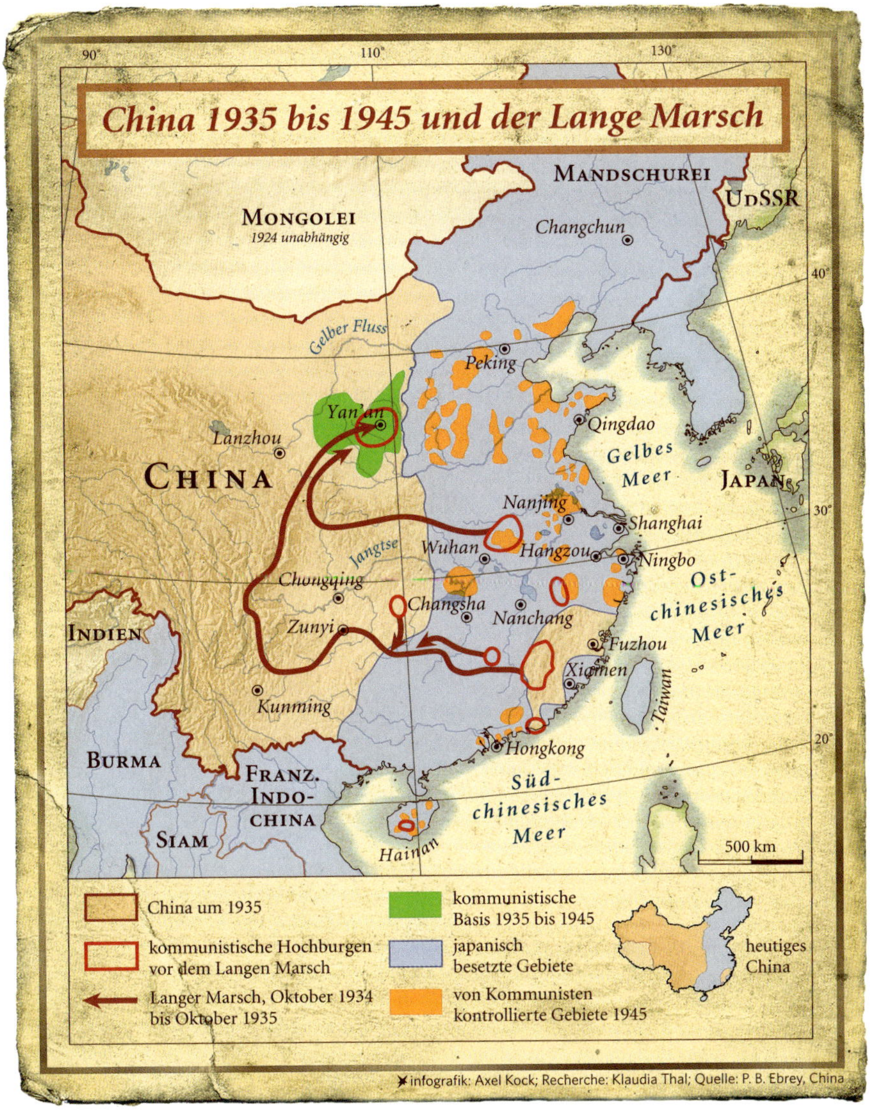

ich darüber vor Freude 300-mal in die Luft sprang." Doch der „Herbsternte-Aufstand", der als erster Bauernaufstand unter Maos Führung in die Geschichte Chinas eingehen wird, gerät zum Fiasko. Eigentlich hätte Mao mit seiner Truppe Changsha besetzen sollen, gegen die Soldaten von Chiang Kai-shek. Stattdessen setzt er sich mit seiner Truppe in die Berge ab und erklärt den verdutzten Soldaten, sie würden nun Bergfürsten – Banditen. Erbost werfen ihn die Russen aus der Kommunistischen Partei.

ARMEN-SPEISUNG
Um das Elend in den Hungerjahren zu mildern, wird an die Bedürftigen in der Provinz Shaanxi kostenloses Essen verteilt.

In den Hügeln von Jinggang im Süden führen Mao und seine Männer 15 Monate lang das Leben von Gesetzlosen. Die Berge sind dicht bewachsen, nur ein paar Trampelpfade winden sich durch die Wildnis. Für Maos Truppe ein ideales Versteck. Um sich zu versorgen, unternehmen sie Beutezüge, die sie „da Tu-hao" nennen: „Zerschmettert tyrannische Grundbesitzer". In Wirklichkeit, so schreiben Jung Chang und Jon Halliday in ihrer Mao-Biografie, unterscheiden sich die Raubzüge kaum von kriminellen Überfällen. Als „reich" und als potenzielles Opfer gilt schon, wer mehrere Liter Öl zum Kochen hat oder ein paar Hennen. „Seht, wie wir heute die bösen Grundbesitzer töten", lässt Mao bei einer Versammlung auf Holzsäulen schreiben. „Habt ihr keine Angst? Messerklinge schneidet auf Messerklinge."

Er selbst lässt für sich mehrere Häuser besetzen und richtet sein Hauptquartier in einer ehemaligen Schule ein, einem prächtigen Herrenhaus in Longshi. Ein Koch, ein Verwalter, Sekretäre und ein Wasserträger kümmern sich um das Wohlergehen des Bauernführers. Auch ein Botenjunge wird eingestellt, um ihm Zigaretten aus der Stadt zu holen. In jedem seiner Häuser müssen die Angestellten Fluchtlöcher in die

Wände schlagen. Mao fühlt sich ständig bedroht. Dutzende Wachen sorgen für seine Sicherheit. Seine Schlachten führt er immer erfolgreicher. In Moskau wird nun Stalin auf Mao aufmerksam. So einen braucht er für China: ungehorsam, aber ein Siegertyp. Mao wird ehrenvoll in die Partei zurückgeholt. Er ist nun zuständig für die „Rote Armee Chinas".

Seine Truppe, die sich mit anderen kommunistischen Verbänden vereint, kann das besetzte Gebiet rasch ausdehnen. Schon bald gilt es als „Sowjetzone", und Mao wird Chef im ersten kommunistischen Staat Chinas. Der ist halb so groß wie Italien und hat zehn Millionen Einwohner. Viele Bauern schließen sich Mao an. Sie leiden unter der hohen Grundpacht, viele sind stark verschuldet, manche verkaufen aus Verzweiflung ihre Söhne. „Dass die Bauern 80 Prozent der Bevölkerung Chinas bilden, weiß jedes Schulkind", schreibt Mao. „Deshalb bildet die Bauernfrage die Grundfrage der chinesischen Revolution."

DOCH IM GEBIET UM DIE STADT RUIJIN herrschen auch Terror und Willkür. Alle Erwachsenen müssen sich der Armee anschließen. Ständig sind Parteichef Zhou Enlai und Mao auf der Suche nach angeblichen Konterrevolutionären, sie lassen foltern und töten. Wachen sichern das rote Reich wie ein Gefängnis: Wer sein Dorf verlassen will, benötigt einen Passierschein. Familien werden aus ihren Häusern vertrieben, Vieh und Lebensmittel beschlagnahmt. Die Bevölkerung verringert sich in den vier Jahren der kommunistischen Herrschaft um eine halbe Million Menschen.

1934 rückt die Regierungsarmee des Chiang Kai-shek gegen Maos Männer vor. Chiangs Truppe ist der Roten Armee um ein Vielfaches überlegen. Schon bald kesseln die Nationalisten das Gebiet der Kommunisten ein. Denen bleibt nur ein Ausweg: die Flucht. Ein lokaler Warlord verspricht, den Kommunisten einen Fluchtkorridor durch das benachbarte Gebiet im Westen einzuräumen. Am 18. Oktober verlässt Mao mit seinen Leibwächtern das Hauptquartier der Partei in Yudu. So beginnt der Lange Marsch.

DER MARSCH GILT ALS SYMBOL für die Widerstandskraft der Kommunisten und für ihren eisernen Willen. „Er ist ein Feldzug, wie ihn die Geschichte noch nicht erlebt hat", schreibt Mao später. „Er ist ein Manifest, eine Propagandatruppe, eine Sämaschine."

Eine Qual, die nur jeder Zehnte durchsteht. In 370 Tagen legen die 80 000 Teilnehmer mehr als 12 500 Kilometer zurück, eine Strecke, länger als von Berlin nach Südafrika. Zu Fuß marschieren die Männer durch Schlamm und Flüsse, sie durchwaten Sümpfe, überwinden schmale Pfade auf 3000 Meter Höhe und schleppen sich mit letzter Kraft über schneebedeckte Berge.

Regen und Kält setzen dem Treck zu, Ruhr und Typhus breiten sich aus. Die Marschierenden schlafen zusammengekauert im Sitzen, und manche stehen morgens vor Erschöpfung nicht mehr auf. „Wenn ein Pferd starb, aßen wir es", erinnert sich ein Überlebender. „Die Soldaten vorn aßen das Fleisch, die Soldaten weiter hinten nagten die Knochen ab.

Bürgerkrieg und der Einmarsch der Japaner

Truppen im Bürgerkrieg

IN CHINA

1912 China wird Republik	**1914** Japan besetzt die damalige deutsche Kolonie Qingdao	**1916** Warlords beherrschen China	**1921** Die Kommunistische Partei Chinas wird gegründet	**1926** Erste Radiostation Chinas nimmt ihren Betrieb auf	**1927** Der Bürgerkrieg zwischen Kommunisten und Nationalisten bricht aus	**1931** Nach dem Anschlag auf eine japanische Eisenbahnlinie besetzt Japan die Mandschurei

ÜBRIGE WELT

1918 Ende des Ersten Weltkriegs und der Monarchien in Deutschland und Österreich-Ungarn	**1919** Friedensvertrag von Versailles	**1921** Albert Einstein erhält den Physik-Nobelpreis	**1923** Kemal Atatürk wird erster Präsident der Türkei	**1924** Tod Lenis. Stalin wird mächtigster Mann der Sowjetunion	**1929** Weltwirtschaftskrise

TRIUMVIRAT
Die revolutionären Führer Zhou Enlai, Mao Zedong und Zhu De (v. l.) im Winter 1936 in Yan'an.

Als die Vorräte verbraucht waren, aßen wir Graswurzeln und kauten Ledergürtel."

Für Maos dritte Frau Gui-yuan gerät der Marsch zum Trauma ihres Lebens. Kinder dürfen nicht mit auf die Flucht. Sie weint bitterlich, als

Sturm auf Nanjing

1934/35
Die Kommunisten fliehen vor nationalistischen Truppen – der Lange Marsch beginnt

1937
Beginn des zweiten chinesisch-japanischen Krieges; Massaker von Nanjing

1945
Die nationalistische Regierung der Kuomintang wird Gründungsmitglied der Vereinten Nationen

1948
Chiang Kai-sheck wird Präsident

1949
Kommunisten unter Mao Zedong übernehmen die Macht, die Nationalisten fliehen nach Taiwan. Die Volksrepublik China wird gegründet (1. Oktober)

1930
Mahatma Gandhi protestiert im sogenannten Salzmarsch gegen die Herrschaft der Briten in Indien

1933
Adolf Hitler wird Reichskanzler

1939
Ausbruch des Zweiten Weltkriegs

1944
Die Alliierten landen in der Normandie. Am 20. Juli scheitert das Attentat auf Hitler

1945
Ende des Zweiten Weltkriegs

1949
Gründung der Bundesrepublik Deutschland (23. Mai) und der DDR (7. Oktober)

DER MASSEN-EXODUS BEGINNT
Schwer bepackt mit ihrem Hab und Gut verlassen kurz vor dem Ansturm der japanischen Truppen Tausende Bürger 1937 Nanjing.

sie sich von ihrem zweijährigen Sohn trennen muss. Bereits früher war sie gezwungen, ihr erstes Kind zu verlassen, ein drittes starb bei der Geburt. Während des Langen Marsches gebärt sie ein viertes Baby, ein Mädchen. Wieder übergibt sie es weinend einer Fremden. Gui-yuan wird später monatelang nach ihren verschollenen Kindern suchen. Mao aber hat sich von seinem Sohn nicht einmal verabschiedet. „Warum habt ihr Frauen so Angst vor der Geburt?", fragt er. „Schaut euch Gui-yuan an, ihr geht eine Geburt so leicht von der Hand wie einer Henne das Eierlegen."

Wie konnten die Kommunisten vor den überlegenen Truppen der Nationalisten fliehen? Chiang Kai-shek, so Historiker, treibt den Zug voller Absicht und Kalkül durch das Land, von Yudu im Süden bis Yan'an im Norden. Wie Beschatter folgen Chiangs Truppen. Maos Gegner hofft, die Gebiete zu unterwerfen: Aus Angst vor den Kommunisten schließen sich die lokalen Machthaber meist freiwillig seinen Truppen an. Außerdem soll die Flucht Mao schwächen. Tatsächlich halten von seinen 80 000 Getreuen nur etwa 7000 durch. Chang und Halliday glauben noch an einen dritten Grund: Chiang Kai-sheks einziger Sohn war zur Ausbildung nach Moskau gereist, wo Stalin ihn zur Geisel machte. Immer wieder bettelt Chiang um dessen Freilassung. Erst nach zehn Jahren darf der Sohn 1937 ausreisen. Zuvor hatte Chiang zugestimmt, den Bürgerkrieg mit der Roten Armee zu beenden. Kommunisten und Kuomintang haben nun einen neuen, gemeinsamen Feind: Japan.

MASSAKER NACH DER KAPITULATION

Nach der Einnahme von Nanjing töten japanische Soldaten mit ihren Bajonetten wahllos Chinesen, die sich ergeben haben.

Binnen sechs Wochen werden in Nanjing mehr als 200 000

Menschen ermordet und 20 000 Frauen **vergewaltigt**

DER AUSZUG DER OBDACHLOSEN

Bewohner der Stadt Chongqing passieren 1939 die Überreste ihrer Wohnhäuser, die von japanischen Bomben zerstört worden sind.

John Rabe (mit Brille) im Kreis von Geschäftsfreunden 1938. Kurz darauf wurde er in die Siemens-Hauptverwaltung nach Berlin versetzt.

Nanjing
John Rabe — der gute Nazi

September 1937: Die japanischen Truppen rücken auf Nanjing vor. Wer kann, ergreift die Flucht. „Die Dienerschaft geht mit großen, entsetzten Augen umher; man glaubt, dass nun auch ich auf und davon gehe", schreibt John Rabe in sein Tagebuch. Doch der Mann, der als Siemens-Vertreter in China Turbinen, Röntgengeräte und Telefone verkauft, entscheidet sich, in der ehemaligen Hauptstadt zu bleiben. „Die Reichen fliehen, die Armen bleiben zurück. ... Sind sie nicht in Gefahr, in Massen abgeschlachtet zu werden? Sollte nicht einer den Versuch machen, ihnen zu helfen? Ein paar von ihnen zu retten?" John Rabe, 54, Sohn eines Hamburger Kapitäns, war seit knapp 30 Jahren in China tätig. Ein einfacher Kaufmann. Doch als täglich Bomben auf Nanjing fallen, als japanische Soldaten Zivilisten nieder-

metzeln, als achtjährige Mädchen und achtzigjährige Großmütter auf den Straßen vergewaltigt werden, übernimmt der hochgewachsene Mann mit der Glatze und dem Schnauzbart den Vorsitz eines Internationalen Komitees, das die „Nanjing Sicherheitszone" durchsetzt – ein Gebiet, auf dem während der Wochen des Massakers eine Viertelmillion Menschen Schutz findet. In Rabes Haus und in einem Erdbunker in seinem Garten kommen mehr als 600 Flüchtlinge unter. Um die Japaner von der Bombardierung des Grundstückes abzuhalten, lässt Rabe ein riesiges Segeltuch aufspannen, auf das er ein Hakenkreuz malt. Japanischen Soldaten, die mit gezogener Pistole vor ihm stehen, tritt er mutig entgegen. „Ich brauche meist nur ‚Deutsch' oder ‚Hitler' zu rufen, dann werden sie manierlich."
Zum Dank für seine Hilfe schenken ihm die Flüchtlinge am Neujahrstag ein rotes Seidentuch mit der Aufschrift „Du bist der lebende Buddha für hunderttausend Menschen". Im Februar 1938 wird Rabe aus China abberufen und in die Berliner Siemens-Hauptverwaltung versetzt.
Er hält Vorträge, zeigt einen Film über die Gräuel der Japaner, bei denen mehr als 200 000 Menschen umkamen. Und er schreibt einen Brief an Hitler, um ihn von dem Geschehen zu unterrichten. Doch statt einer Antwort erhält Rabe, der 1934 der NSDAP beigetreten war, Besuch von der Gestapo. Er wird verhaftet. Zwar kommt er nach ein paar Tagen wieder frei, doch verbietet man ihm, über das Massaker von Nanjing zu sprechen oder zu schreiben. Bei Siemens bekommt er nur noch niedere Posten.
1950 stirbt John Rabe in Berlin – verarmt und vergessen. Erst 1997 wird sein Tagebuch in Deutschland, China, Japan und den USA veröffentlicht. „Der gute Nazi", titelt die „New York Times". Das einstige Wohnhaus Rabes in Nanjing wird später zum Museum. 2003 würdigt Bundespräsident Johannes Rau die Verdienste des Deutschen.

BUSCHKRIEG GEGEN DIE JAPANER

Wie Bauern gekleidet, ziehen männliche und weibliche Guerillas 1939 durch das hohe Gras.

DIE NEUE KONSTELLATION ZEIGT SICH IM JULI 1937. An romantischen Flussufern unweit von Peking stehen sich japanische und chinesische Truppen gegenüber, getrennt durch die Marco-Polo-Brücke. Sie liegt eingebettet in sanfte Hügel, sogar Gedichte sind ihr gewidmet. Die Stimmung ist explosiv. Als die Japaner eines Nachts ein Manöver durchführen, antworten die Chinesen mit Granatbeschuss auf die Provokation. Am Morgen bemerken die japanischen Befehlshaber, dass einer ihrer Soldaten fehlt. Der Zwischenfall eskaliert zur Krise. Die Japaner fordern eine „grundlegende Klärung des japanisch-chinesischen Verhältnisses". Chiang Kai-shek entgegnet: „Uns bleibt jetzt nur noch eine einzige Möglichkeit – die Volksmassen zum Kampf bis zum Letzen zu veranlassen."

Das Verhältnis zwischen den beiden Ländern ist seit Langem schlecht. Bereits Anfang der 30er Jahre hatten die Japaner die Mandschurei besetzt, immerhin ein Zehntel des chinesischen Territoriums, und dort den Marionettenstaat Mandschuko gegründet, mit Puyi, dem letzten Kaiser, an der Spitze. Viele Chinesen forderten schon lange, gegen die japanischen Überfälle Widerstand zu leisten. Doch Chiang Kaishek wollte erst die Kommunisten besiegen. Nun muss er seine geschwächten Truppen vorzeitig gegen den Feind von außen mobilisieren. Kommunisten und Nationalisten vereinigen sich zu einer gemeinsamen Front.

Doch selbst das hilft nicht. Katastrophe um Katastrophe bricht über China herein. Schon in den ersten Kriegsmonaten sterben 250 000 chinesische Soldaten. Überfälle auf die Japaner misslingen. Als Chiang Kaishek japanische Schiffe vor Shanghai angreifen lässt, treffen seine Bomben die Stadt und töten Hunderte chinesischer Zivilisten. Dennoch verkündet der General selbstbewusst: „Die Hauptstadt Nanjing wird niemals fallen."

EIN VERHEERENDER IRRTUM. Bevor die Japaner in der Hauptstadt einmarschieren, werfen sie Flugblätter ab, in denen sie die Bewohner von Nanjing aufrufen, Ruhe zu bewahren. Zivilisten würden verschont. Eine zynische Lüge.

Innerhalb von sechs Wochen vergewaltigen die Japaner mehr als 20 000 Frauen: alte und junge, Mädchen und Schwangere. Manche müssen nackt für Fotos posieren, viele werden nach tagelangen Schändungen brutal abgestochen. Oft fallen die Soldaten in Häuser ein, vergewaltigen und töten nacheinander Mütter, Großmütter, kleine Töchter. Fotos zeigen Frauenleichen mit Stöcken in den Geschlechtsorganen.

Die japanischen Truppen töten mindestens 80 000 chinesische Soldaten, insgesamt kommen mehr als 200 000 Menschen um. Auf Bildern sind grinsende Japaner zu sehen, die mit abgehackten Köpfen posieren. Als könne der Tod des Gegners nicht grausam genug sein, werden die Opfer lebendig begraben, verbrannt oder nackt in Eislöcher geworfen. „Nanjing erlebte eine Zeit der Verwüstung und des Terrors", schreibt der Historiker Jonathan Spence, „die zu den schlimmsten Episoden in der Geschichte der modernen Kriegführung gerechnet werden muss."

STOLZE BESATZER

Ein japanischer Soldat lächelt in die Kamera eines Kameraden. Zuvor haben sie die Hafenstadt Shanghai erobert.

DIE JAPANER EILEN VON SIEG ZU SIEG. Verzweifelt lässt Chiang Kai-shek 1938 die Deiche um den Gelben Fluss sprengen, um den Feind zu stoppen. Tatsächlich hält die Flutkatastrophe die Feinde für drei Monate in Schach. Doch sie zerstört auch 4000 chinesische Dörfer und tötet unzählige Bauern. Inzwischen unterstützt Stalin die Chinesen mit Waffen und Offizieren. Dennoch ist bald halb China besetzt.

Nur einer hält sich zurück in diesem Konflikt: Mao. Als sich japanische Besucher nach dem Krieg bei ihm für die Invasion entschuldigen, entgegnet er: „Ich würde den japanischen Warlords eher danken. Hätten sie nicht große Teile Chinas besetzt, wären wir heute noch in den Bergen", behauptet er unverfroren. Der Krieg bietet Mao eine willkommene Gelegenheit, seinen Erzfeind Chiang Kai-shek auszuschalten. „Je mehr Land Japan erobert", sagt Mao später, „desto besser." Mao, der sich 1937 auf seinen Stützpunkt in Yenan zurückzieht, schont seine Truppen und setzt sie allerhöchstens für Hilfsdienste ein. Außerdem nutzt er eine Schwäche der Japaner. Das eroberte Land ist inzwischen viel größer als Japan selbst. Die Gebiete, in denen die Feinde keine Garnisonen errichten können, besetzt Mao. Bald herrschen die Japaner in den Städten. Auf dem Land aber herrschen die Kommunisten.

1945 werfen die Amerikaner zwei Atombomben auf Hiroshima und Nagasaki. Der Zweite Weltkrieg ist zu Ende, Japan muss kapitulieren. In China aber geht der Krieg in einen Bürgerkrieg über. Wieder kämpfen

Nationalisten gegen Kommunisten. Die Truppen Chiang Kai-sheks sind demoralisiert, undiszipliniert. Inflation breitet sich aus, eine Wirtschaftskrise und Korruptionsskandale verschrecken seine Anhänger. Die Menschen unterstützen die Nationalistische Partei immer weniger. Vor allem die Bauern schließen sich den Kommunisten an, die versprechen, das Pachtsystem abzuschaffen und den Grundbesitz in den Dörfern gerechter zu verteilen. Oft werden ganze Landstriche erst von den Kommunisten, dann von den Nationalisten, schließlich wieder von den Kommunisten erobert. Die Sieger rächen sich jedes Mal grausam. Nach und nach unterwirft Maos Rote Armee die Mandschurei und Nordchina.

Er führt einen mitleidlosen Krieg. Als sich der Kommandant der Stadt Changchun weigert zu kapitulieren, lässt er die Stadt aushungern. Niemand darf sie verlassen, überall hat er Wachen postiert. Lebensmittel gibt es längst nicht mehr. „Die Einwohner leben vor allem von Blättern und Gras, und viele sind bereits verhungert“, meldet der lokale Befehlshaber der Kommunisten in einem erschütternden

TERRORREGIME
Ein Polizist erschießt einen angeblichen Kommunisten 1949 auf offener Straße in Shanghai.

Chinesische Medizin
Alles fließt

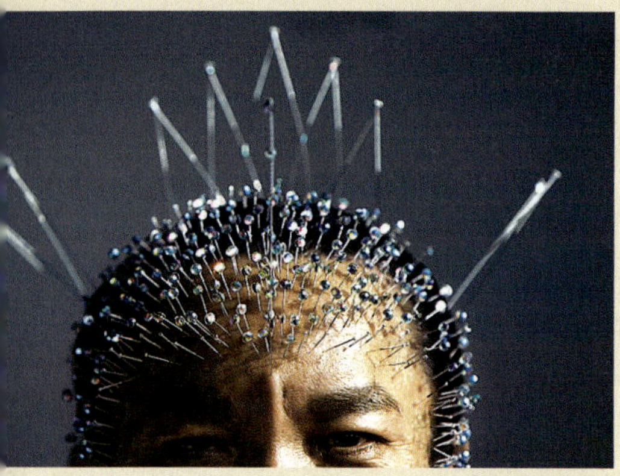

Es gibt im Körper 730 Akupunkturpunkte.

Auf der „Straße der Heiterkeit" gelangt man über das „Tiefe Wasser" zum „Göttlichen Gleichmut" – mit einem Stich ins Handgelenk, einem ins Knie und einem in die Fessel. Poetische Namen für 3 der 730 Akupunkturpunkte in der Traditionellen Chinesischen Medizin (TCM). Die Akupunktur ist – neben pflanzlichen und tierischen Heilmitteln, der Tuina-Massage und der Ernährungslehre – die Königsdisziplin der TCM, wirkt sie doch direkt auf das Qi. Qi ist die Lebensenergie, die durch Menschen, Pflanzen, durch den ganzen Kosmos fließt. Qi ist der Motor für den fortwährenden Wandel, dem alles unterworfen ist. Yin und Yang sind die Symbole dafür: für die Nacht, die dem Tag folgt, wie die Ebbe der Flut, das Glück dem Unglück. Im chinesischen Denken existiert nichts isoliert, alles bedingt sich.

Gesundheit ist für die TCM der harmonische Fluss von Qi. Fließt es nicht mehr gleichmäßig durch die Meridiane im Körper, wird man krank. Stimuliert man jedoch die Akupunkturpunkte, können Blockaden gelöst werden. Ergänzt wird die Akupunktur oft durch die Moxibustion: Getrocknetes und zu einer Art Zigarre gerolltes Moxakraut (Beifuß) wird nahe der Einstichpunkte angezündet. Es macht das Qi frei. Akupunktur gab es auch für die Landschaft: Pagoden wurden wie Nadeln gesetzt, um das Qi in der Erde zum Fließen zu bringen. Das Meridian-System wurde vor 2200 Jahren entwickelt – zu einer Zeit, als das Reich gerade geeint war und die Städte durch ein Netz von Straßen und Kanälen verbunden wurden. Das inspirierte die Medizin zu dem Denken, dass es auch zwischen den einzelnen Körperregionen Verbindungen geben muss. Auch wenn die Meridiane wissenschaftlich nicht nachweisbar sind, ist die Wirksamkeit der Akupunktur in Deutschland anerkannt – die Kosten werden bei chronischen Schmerzen von der gesetzlichen Krankenkasse getragen.

Bericht an Mao. „Massenhaft knieten verhungernde Menschen vor unseren Soldaten und flehten, man möge sie gehen lassen. Einige legten ihre Säuglinge vor den Männern ab und kehrten selbst zurück, andere erhängten sich. Die Wachen konnten den Anblick des Elends nicht ertragen. Einige knieten mit den hungernden Menschen nieder und weinten mit ihnen." Selbst die Kommunisten sprechen später von 120 000 verhungerten Zivilisten. Als Maos Truppen 1948 in die Stadt einziehen, müssen viele Soldaten weinen. „Wir sollen für die Armen kämpfen, aber unter all diesen Toten, wer sind da die Reichen?", fragt einer. „Wer sind die Nationalisten? Sind es nicht alles Arme?"

Am 1. Oktober 1949 ist Mao am Ziel:Die Nationalisten sind besiegt. Er steigt in Peking die Treppen hinauf zum Tor des Himmlischen Friedens vor der Verbotenen Stadt. Es ist sein erster Auftritt vor 100 000 Menschen. Das Publikum ruft „Lang lebe der Vorsitzende Mao!" Der Bauernführer herrscht nun über 550 Millionen Menschen, den bevölkerungsreichsten Staat der Welt.

Die Zeit der Wirren ist vorbei. Die Zeit der Gewalt jedoch nicht.

DAS EVANGELIUM DES GROSSEN VORSITZENDEN Parteigenossen schwenken kleine rote Bücher mit einer Sammlung von Maos Worten zu seiner Begrüßung. Millionen dieser „Mao-Bibeln“ kursieren im Land, seinen Worten werden sogar Wunderheilungen zugeschrieben.

Das rote China

Mao, immer wieder Mao: Gleich nach der Gründung der Volksrepublik 1949 gibt der „Große Steuermann“ den Kurs vor. Er treibt das Land an zum „Großen Sprung nach vorn“, der mit dem Hungertod von Millionen endet. Er lässt Rote Garden in der Kulturrevolution Tempel schänden und Bücher verbrennen. Erst sein Tod macht den Weg frei für Reformen. Die bringen die Wirtschaft voran, aber dem Volk kaum Rechte.

LEKTION ZWISCHEN WEIZENGARBEN

Arbeiterinnen lernen einen Spruch Maos. Doch alle Versuche der Kommunisten, die Erträge zu steigern, bewirken nur das Gegenteil.

SCHINDEREI FÜRS VOLK

Ein Mädchen hat sich mit Riemen vor einen Karren gespannt. Mit primitivsten Mitteln will China die Sowjetunion überflügeln.

Vier Monate lang erkundet Mao Zedong sein Land, vom Süden hinauf in die Steppen der Mandschurei, mit einem Dampfer den Jangtse hinab, es ist eine Reise kreuz und quer durchs Reich der Mitte im Jahre neun der roten Herrschaft. Er besucht Muster-Kommunen, begutachtet ausgesuchte Bewässerungsprojekte, und der 64-Jährige spürt wieder den revolutionären Elan seiner Jugend, ja, der passionierte Schwimmer wagt sich sogar zweimal ins winterkalte Wasser des Flusses Yong im Süden des Landes.

Im Mai 1958 verkündet Mao auf einer Konferenz das Ergebnis seiner Reflexionen in der Provinz. China könne durch die gemeinsame Arbeit von Hunderten Millionen „alle kapitalistischen Länder in kurzer Zeit überholen und zu einem der reichsten, fortschrittlichsten und mächtigsten Länder der Erde werden". Denn revolutionäre Romantik sei zwar gut, „sie hat aber keinen Sinn, wenn sie sich nicht in der Praxis bewährt".

DAS PROJEKT WELTMACHT BEGINNT. Bauern errichten Hochöfen im Miniaturformat, füllen sie mit Kochtöpfen, Türgriffen und Haarspangen, ganze Bergrücken werden für Brennmaterial abgeholzt, und schon bald ist die Landschaft gesprenkelt mit Schloten, sodass der vom Kommunismus begeisterte Journalist Sidney Rittenberg „jeden Hügel, jedes Feld erglühen sieht im Schein der selbst gemachten Öfen". 90 Millionen Menschen, fast ein Viertel aller Erwerbstätigen, arbeiten binnen Kurzem in solchen Hinterhofhütten. Es ist der Auftakt zum „Großen Sprung nach vorn". Und der größten Hungersnot aller Zeiten.

China in den 50er Jahren – das ist eine verschlossene Welt, kaum Ausländer im Land, Sittenwächter rügen auffallende Kleider und Frisuren; das ist der allgegenwärtige Bruch mit der Tradition, selbst die ehrwürdigen Stadtmauern Pekings werden abgetragen; und das ist vor allem der Wille, ein bitterarmes Land mit aller Gewalt in eine Weltmacht zu verwandeln.

Fast ein Viertel aller Erwerbstätigen arbeiten

in den Hinterhofhütten

STAHLPRODUKTION IM HINTERHOF

In selbst gemauerten kleinen Hochöfen verhütten einfache Bauern 1959 Stahl für den „Großen Sprung nach vorn". Doch das Experiment scheitert kläglich. Das Metall ist zu nichts zu gebrauchen.

STILISIERT ALS GÜTIGER VATER DER NATION

Auf Plakaten jubeln die Chinesen ihrem Führer zu. Tatsächlich bekommen sie Mao kaum zu Gesicht.

Die radikale Umgestaltung hatte schon wenige Wochen nach Maos Sieg im Bürgerkrieg und der Gründung der Volksrepublik China am 1. Oktober 1949 begonnen. Während sich die Nationalisten um Chiang Kai-shek auf die Insel Taiwan zurückzogen, legte sich die Herrschaft der kommunistischen Partei wie ein Netz über Kontore, Maschinenhallen und Äcker.

Parteikader schwärmen in die Dörfer aus, um Grundbesitzer zu enteignen und Kollektive zu gründen. Etwa 40 Prozent des Landes werden beschlagnahmt und neu verteilt. Immer geringer wird der Anteil des privat genutzten Landes, immer umfassender die Macht der Genossenschaften. Bald gibt es kaum mehr regionale Märkte.

Die Landreform stellt generationenalte Strukturen auf den Kopf. Aus Gutsherren werden Landarbeiter – wenn sie mit dem Leben davonkommen. Von Funktionären aufgestachelt, werden mindestens eine Million Großbauern von ihren Pächtern ermordet. Vermeintlichen „Konterrevolutionären" ergeht es nicht besser. Allein in Peking gibt es in diesen ersten Jahren des neuen China 30 000 Massenveranstaltungen mit Aburteilungen und Hinrichtungen; zu Hunderten werden Menschen öffentlich per Kopfschuss getötet.

Schnell zeigt sich, dass Menschenleben für die neue Führung kaum mehr als Manövriermasse sind. Als China von 1950 an Nordkorea im Krieg gegen den Süden und die USA unterstützt, sterben in drei Jahren knapp eine Million Chinesen – auch, weil die „Freiwilligen" bei Temperaturen von 30 Grad unter null mit dünnen Baumwollschuhen kämpfen sollen. Um den Hunger zu lindern, rät das Hauptquartier, aus Kiefernnadeln Suppe zu kochen und Kaulquappen zu essen. Auch Maos ältester Sohn An-ying stirbt im Korea-Krieg. Als man dem Vater die Nachricht überbringt, schweigt er einige Minuten und murmelt schließlich: „Wie kann es einen Krieg ohne Tote geben?“ An-yings Frau informiert man erst zweieinhalb Jahre später.

Wer aber ist diese Führung, die sogar eigene Kinder bedenkenlos der kommunistischen Sache opfert? Neben Mao besteht die Führungsriege nur aus einer Handvoll Mitstreiter aus den Tagen des Bürgerkriegs, einer der wichtigsten ist Ministerpräsident Zhou Enlai. Theoretisch ist die Macht aufgeteilt auf Staat, Partei und Armee, praktisch laufen alle Fäden bei Mao zusammen.

„ES KANN SEIN, DASS DIE HÄLFTE CHINAS STERBEN MUSS“

Mutter und Sohn betrauern den toten Vater. Während des „Großen Sprungs nach vorn“ kommen rund 30 Millionen Menschen um. Mao nimmt das in Kauf.

Kontakt zum Volk hat er kaum. Meist logiert er in einer ehemaligen Palastbibliothek innerhalb der Mauern der Verbotenen Stadt, durch künstliche Seen abgesondert vom Rest des Areals. Im Laufe der Jahre errichten Arbeiter für ihn über 50 weitere Häuser im ganzen Land. Hässliche Betonkästen, oft mit nur einem riesigen Stockwerk, unterkellert mit einem Atombunker. In manchen Villen kann man mit dem Auto direkt ins Wohnzimmer fahren, von anderen führt ein Tunnel zum nächsten Flugplatz, für wiederum andere werden ganze Gebirgszüge abgeriegelt. Einziger Luxus sind die Pools, die Mao fast in jeder Residenz anlegen lässt. Über Monate hinweg muss

EIN DESPOT GEHT BADEN

Noch als 72-Jähriger steigt der passionierte Schwimmer Mao 1966 in den Jangtse. Die Aktion ist verbürgt, doch das Foto wirkt wie eine plumpe Montage.

EINE ROTE WELLE RAST DURCH DAS LAND

Rotgardisten ziehen während der Kulturrevolution durch die Straßen. Schüler und Studenten tragen jetzt einfache Arbeiterkittel. Auf Maos Geheiß säubern sie Partei und Land von „bourgeoisen Elementen". Dabei töten die aufgeputschten Jungrevolutionäre manchmal ihre Lehrer.

das Wasser warm gehalten werden – auch wenn der Hausherr das Anwesen nie betritt.

Die Chinesen bekommen Mao kaum zu Gesicht. Fast immer fährt er im eigenen Sonderzug. Doch je mehr er sich abschottet, desto ekstatischer reagieren die Massen, wenn sie ihren Führer doch einmal leibhaftig erblicken. So berichtet ein Leibwächter von Maos Versuch, in einem Restaurant zu Mittag zu essen. Schon Stunden zuvor ist der Laden abgeriegelt. Als ihn aber eine Nachbarin am Fenster entdeckt, beginnt sie vor Verzückung so laut zu schreien, dass die gesamte Straße zusammenläuft. Erst sechs Stunden später gelingt es dem lokalen Polizeikommandanten, Mao aus dem Restaurant zu schleusen.

DIE MÜTZEN DER VERRÄTER
Mit Papierhüten auf dem Kopf werden vermeintliche Konterrevolutionäre während der „Kulturrevolution" 1966 durch die Straßen getrieben.

TOD DEN FEINDEN DER REVOLUTION
Schüler erschießen symbolisch einen hakennasigen Imperialisten. Schon die Kleinsten werden ideologisch indoktriniert.

Skeptischer gegenüber den Kommunisten zeigen sich die Intellektuellen des Landes. Sie gelten im roten China nun als Klassenfeinde, die Erziehungskurse durchlaufen müssen und aufs Land verschickt werden. Viele Schriftsteller oder Lehrer tun sich schwer, Konfuzius auf dem Altar der roten Ideologie zu opfern. Da entschließt sich die KP-Spitze im Februar 1956, die widerspenstigen Denker quasi per Umarmung auf ihre Seite zu ziehen. „Lasst hundert Blumen blühen, lasst hundert Denkschulen in Wettstreit treten", fordert Mao in einer Rede und lanciert damit die sogenannte Hundert-Blumen-Kampagne: Die Menschen sollen öffentlich Kritik äußern, um so das System zu verbessern. Nach anfänglicher Vorsicht werden die Behörden geradezu überrannt. Auf Wandzeitungen beklagen Chinesen das Machtmonopol der Kommunisten als „Wurzel allen Übels", vergleichen die kommunistische Verfassung gar mit „Toilettenpapier".

Noch heute sind die Hintergründe des allseitigen Tauwetters – sogar geschlitzte Röcke sind wieder auf den Straßen zu sehen – nicht ganz geklärt. Wollte Mao tatsächlich auf Kritik reagieren? Oder war es nur eine Falle, um die Intelligenz aus der Reserve zu locken, wie seine Biografen Jung Chang und Jon Halliday behaupten?

Ob aus Entsetzen über die Klage-Lawine oder aus Kalkül – die „Hundert Blumen" verdorren ebenso rasch, wie sie aufgeblüht sind. Bis zum Jahresende werden mehr als 300 000 Intellektuelle verbannt oder in Arbeitslager geschickt, darunter auch Tausende, die sich gar nicht zu Wort gemeldet hatten.

MAO SIEHT IN DER INTELLIGENZ EHER DEN FEIND als den Verbündeten. Auch die alten Bücher, vor denen er sich in späteren Jahren gern zeigt, dienen – dreist zusammengestohlen – nur als Dekoration. Macht ist die entscheidende Kategorie seines Denkens. Das gilt auch für sein Verständnis von internationaler Politik, sogar gegenüber der Sowjetunion.

Zwar hatten die Genossen in Moskau das chinesische Abenteuer in den 20er und 30er Jahren nahezu komplett finanziert, zwar haben sie noch Anfang der 50er Jahre nicht nur mit Krediten, sondern auch mit Experten für Atomwaffen ausgeholfen, doch nach dem Tod Stalins 1953 erkennt Mao in der Sowjetunion immer mehr den Konkurrenten, wenn nicht den Feind. Und so ist denn auch seine Reise durch die Provinz zu Beginn des Jahres 1958, ist das Ausrufen des „Großen Sprungs nach vorn" im Mai, sind die absurd hohen Wachstumsziele bei Stahl und Getreide (das Mehrfache der Weltproduktion) nicht nur der Versuch, den Westen zu überholen, sondern auch die Vorherrschaft innerhalb des kommunistischen Blocks zu erringen.

Doch schon das Projekt, Stahl im Hinterhof zu verhütten, scheitert kläglich. Das aus den Minihochöfen gewonnene Metall ist zu nichts zu gebrauchen. Als die Aktion nach einem Jahr abgebrochen wird, ist die Landschaft übersät mit rostenden Eisenblöcken und Skeletten von Häusern, deren Holzwände in den Öfen verfeuert wurden. Auch die anderen Massenprojekte, die Flussregulierungen mit Spitzhacke und Spaten, die Arbeiten an gigantischen Kanälen, der Kampf gegen die Spatzen – die Vögel sollen durch Krach daran gehindert werden, sich niederzulassen, um schließlich an Erschöpfung zu sterben –, bringen das Land nicht voran. Schlimmer noch: Sie entziehen der Landwirtschaft die so nötige Arbeitskraft.

Dann folgt auch noch eine Dürre. Anstatt zu steigen, brechen die Erträge dramatisch ein. Die Menschen beginnen zu hungern, dann zu verhungern. 1960 gibt es in den Städten nur noch 1,5 Kilo Fleisch für jeden – pro Jahr. Um zu überleben, verkaufen Männer ihre Frauen, andere versuchen mit Baumrinde, Aprikosenkernen oder Algen die Mägen zu

UN-Soldaten im Kampf

Von der Kommune zum

IN CHINA

1949 Gründung der Volksrepublik China	**1950** Beginn des Korea-Kriegs. Chinesische und nordkoreanische Soldaten kämpfen gegen UN-Truppen unter Führung der USA	**1953** Mitgliederzahl der Kommunistischen Partei Chinas steigt auf 6,1 Millionen	**1956–1957** Kurzes Tauwetter: Hundert-Blumen-Kampagne	**1958–1959** „Großer Sprung nach vorn"- Versuch der Industrialisierung

ÜBRIGE WELT

1949 Gründung der Bundesrepublik und der DDR	**1953** Tod Stalins	**1957** Die britische Kolonie Goldküste wird als neuer Staat Ghana unabhängig	**1959** „Godesberger Programm". SPD bekennt sich zur Marktwirtschaft	**1962** Kuba-Krise. Nach Stationierung sowjetischer Nuklearraketen auf Kuba droht ein Atomkrieg	**1968** Studentenbewegung, Proteste gegen Vietnam-Krieg

füllen, wieder andere scheuen in ihrer Verzweifelung selbst vor Menschenfleisch nicht zurück. Eine nach Maos Tod entstandene Studie verzeichnet für einen Bezirk in der Provinz Anhui 1960 allein im Frühjahr 63 Fälle von Kannibalismus, darunter ein Ehepaar, das seinen achtjährigen Sohn erwürgt und aufisst.

MAO NIMMT ALL DAS IN KAUF. „Es kann gut sein, dass die Hälfte Chinas sterben muss", sagt er im November 1958. Später lässt er anweisen, die Gräber auf Feldern anzulegen. „Die Toten sind nützlich. Sie können den Boden düngen." Und sogar in den schlimmsten Jahren dieser selbst gemachten Katastrophe lehnt er nicht nur ausländische Hilfe ab, sondern exportiert sogar Lebensmittel; allein 1958 und 1959 sind es sieben Millionen Tonnen, darunter auch Tausende Tonnen Soja in die DDR. Als der Weltmacht-Wahn im Jahre 1962 schließlich endet, hat er 30 Millionen Menschen das Leben gekostet.

autoritären Kapitalismus

Studentenproteste in Peking

1959	1966–1976	1972	1976	1978	1989
Der Dalai Lama flieht mit Tausenden Tibetern vor chinesischen Truppen ins indische Exil	Kulturrevolution. Mao lässt Partei und Gesellschaft „säubern"	US-Präsident Nixon besucht China	Tod Mao Zedongs (9. September)	Beginn der Wirtschaftsliberalisierung durch Deng Xiaoping	Deng Xiaoping lässt Massenproteste auf dem Platz des Himmlischen Friedens blutig niederschlagen

1970	1972	1980	1984	1985	1989
Kniefall Willy Brandts in Warschau. Entspannungspolitik und Ostverträge	Bericht des Club of Rome zu den Grenzen des Wachstums	Olympische Spiele in Moskau, boykottiert vom Westen wegen des Einmarschs von Sowjettruppen in Afghanistan	Olympische Spiele in Los Angeles, boykottiert vom Ostblock	Michail Gorbatschow wird Chef der KPdSU	Fall der Berliner Mauer

SINNLOSE ZERSTÖRUNG, BRUTALES MORDEN

Nichts ist den Roten Garden heilig, sie verwüsten Tempel, verbrennen Bücher. Unersetzliche Kulturgüter gehen verloren. Wer nicht mitzieht, wird kaltblütig getötet.

Doch Maos Herrschaft ist inzwischen so unantastbar, dass selbst das Desaster des „Großen Sprungs“ an ihm abperlt. Immer seltener tritt er in der Öffentlichkeit auf. Selbst die innere Führung bekommt ihn außerhalb von Sitzungen kaum zu Gesicht. Saufgelage im Zentralkomitee, wie sie Stalin pflegte, sind Mao fremd.

Genauso wenig zeigt er Interesse an goldenen Wasserhähnen (anstatt zu duschen, lässt er sich ohnehin lieber mit einem heißen Handtuch abreiben). Frei von Doppelmoral ist Mao aber keineswegs. Der Arbeiterführer schätzt gutes Essen. Ein Bauernhof produziert eigens für ihn eine besonders bekömmliche Sorte Reis, seinen Lieblingsfisch lässt er aus 1000 Kilometer Entfernung lebendig im Plastikbeutel heranbringen. Damit das Essen nicht kalt wird, müssen es seine Diener im Laufschritt servieren. Und droht einfachen Chinesen bei außerehelichem Sex das Arbeitslager, so vergnügt sich der KP-Chef gern mit mehreren Gespielinnen im Bett.

MITTE DER 60ER JAHRE HAT SICH CHINA von den schlimmsten Folgen des „Großen Sprungs" erholt. Doch das Land kommt nicht zur Ruhe. Ist nicht die „immerwährende Revolution" Daseinsgrundlage des Systems? Und sind nicht unter den mittlerweile 17 Millionen KP-Mitgliedern auch Hunderttausende Opportunisten, die es auszusondern gilt? Im Frühjahr 1966 lässt Mao eine neue Revolutionsgruppe im Zentralkomitee einrichten. Es ist der Auftakt zur sogenannten Kulturrevolution.

Unter Studenten im Westen noch in den 70er Jahren bejubelt, ist die Kulturrevolution nichts anderes als eine gigantische Säuberung der Partei und des Landes. Es beginnt damit, dass Mao radikale Studenten der Pekinger Universität gewähren lässt, als sie „kapitalistische" Parteikader zur Rechenschaft ziehen wollen. Kurz darauf fordert er die gesamte

DIE DOMINA DES POLITBÜROS

Maos dritte Frau Jiang Qing herrscht als unnachsichtige Revolutionärin. In der Kulturrevolution gibt sie sich noch radikaler als ihr Mann.

Jugend auf, gegen Konterrevolutionäre vorzugehen. Binnen Tagen eskaliert die Gewalt.

„Rote Garden" aus Schülern und Studenten brechen in Häuser ein und zerstören alles, was an bourgeoise Kultur erinnert: Bücher, Gemälde, Musikinstrumente. Sie verhöhnen Schriftsteller, zwingen Parteifunktionäre zu öffentlichen Selbstbezichtigungen, schlagen ihre Lehrer mit Gürteln und Stöcken zu Tode. All das mit Segen von oben. Als Mao am 18. August 1966 auf dem Tiananmenplatz eine Parade abnimmt, darf ihm eine Schülerin die rote Armbinde überstreifen – sie hatte zuvor mit anderen die Rektorin ihrer Schule getötet. Als Mao sie fragt, wie sie heißt, sagt sie: „Song Bin-bin." Mao sagt: „Bin heißt sanft." Dann fügt er hinzu: „Sei gewalttätig!" Das Mädchen ändert daraufhin seinen Namen in „Sei gewalttätig".

ES IST, ALS RASE EINE WELLE VON GEWALT DURCHS LAND. Schüler müssen nicht mehr zum Unterricht, Zugfahrten und Essen sind für sie kostenlos. Sie tragen den Terror in alle Winkel, scheren Menschen auf offener Straße zu lange Haare ab, schwenken rote Büchlein mit Mao-Sprüchen, kehren an Kreuzungen die Farben der Ampeln um: Rot soll nicht mehr Stopp bedeuten, sondern Gehen. Mao wird stilisiert als einziger Gralshüter der wahren Lehre. Allerorten hängen seine Porträts, ständig gibt es endlose Lesungen aus seinen Werken, sogar die Genesung von Blinden und Lahmen wird nun seinen Worten zugeschrieben.

Treibende Kraft ist neben Mao seine ebenso skrupellose Frau Jiang Qing. Die Roten Garden sind ihnen willige Werkzeuge für die Säuberungen. Millionen werden in Umerziehungslager aufs Land geschickt. Erst als Einheiten der Armee beginnen, sich untereinander zu bekämpfen, löst Mao schließlich im Juli 1968 die Roten Garden auf und schickt die Jugend zur Feldarbeit – ein Ende der Säuberungen aber bedeutet das nicht: Bis zu Maos Tod werden noch mindestens drei Millionen Menschen dadurch sterben.

Dem Westen erscheinen die letzten Jahre des großen Vorsitzenden eher gemäßigt. Das amerikanische Tischtennisteam wird 1971 nach

HANDSCHLAG MIT DEM KLASSENFEIND

US-Präsident Richard Nixon reist als erster amerikanischer Staatschef ins Rote China, das sich zaghaft der Welt öffnet.

China eingeladen, ihm folgen US-Präsident Nixon und andere westliche Staatschefs. Trotz der Öffnung ändert sich der Grundcharakter des Systems nicht. Selbst als der über 80-jährige Mao schließlich durch Parkinson und eine Nervenkrankheit fast gelähmt ist, als ihn Besucher häufig nur noch schnarchend oder gar sabbernd vorfinden, wagt es keiner, ihn abzusetzen. Erst mit Maos Tod kurz nach Mitternacht am 9. September 1976 kann in China tatsächlich eine neue Ära anbrechen.

Der Zustand des Landes ist desaströs. Nach 27 Jahren Kommunismus lebt ein Großteil der Chinesen in bitterer Armut. Selbst in den privilegierten Städten sind Nahrungsmittel und Kleidung rationiert. Oft hausen drei Generationen in einem Raum, da trotz Bevölkerungswachstums kaum Wohnungen gebaut wurden. Schlimmer noch ist die Lage

Nach dem Aufstand 1959 ergeben sich Tibeter in Lhasa den Chinesen.

Schicksalsfrage
Streit seit 1200 Jahren: Gehört Tibet zu China?

Die Wege der Völker kreuzen sich seit alters. Chinesische Mönche brachten den Buddhismus nach Tibet. Im achten Jahrhundert studierten tibetische Adlige an der kaiserlichen Akademie Chinas die Klassiker des Großreichs. Doch ab 797 lieferten sich Chinesen und Tibeter Scharmützel.
Die Feindseligkeiten wurden erst 821/22 durch ein Friedensabkommen beigelegt, das, so steht es auf der Steinsäule vor dem Jokhang-Tempel in Lhasa, „eine große Ära begründen" sollte, „wenn Tibeter glücklich in Tibet und Chinesen glücklich in China sein werden". Dafür wurden „die Drei Juwelen, die Heiligen, Sonne und Mond, Planeten und Sterne als Zeugen aufgerufen".
Im 13. Jahrhundert aber fielen die Mongolen erst in China ein und dann in Tibet. Unter ihrer Herrschaft lebten Chinesen und Tibeter in einem Reich.

Da die Chinesen die von Kubilai Khan, einem Enkel Dschingis Khans, proklamierte Yuan-Dynastie als Epoche ihrer Geschichte betrachten, sahen sie Tibet fortan als Teil Chinas. 1368 löste die Ming-Dynastie die mongolische Fremdherrschaft ab. Die tibetischen Lamas erhielten ihre Titel von chinesischen Kaisern, zahlten Tribute an sie, erkannten ihre Oberhoheit an. Allerdings nahmen die Kaiser keinen unmittelbaren Einfluss auf das Leben in Tibet. Darauf wiederum berufen sich Tibeter, wenn sie Autonomie fordern. 1904 besetzten britische Truppen Lhasa. Sie zwangen den Tibetern ein Abkommen auf, wonach diese Beziehungen zu „ausländischen Mächten" nur noch mit Zustimmung Londons unterhalten durften. Peking reagierte empört, da dies seine formale Oberherrschaft über Tibet verletzte. Das erklärt zum Teil den heutigen Zorn der Chinesen auf alles, was sie als Unabhängigkeitsbegehren betrachten und damit als Fortsetzung der Demütigung und Zerstückelung Chinas durch die Kolonialmächte.
1912 dankte der letzte Kaiser ab, ganz China versank im Chaos. Der 13. Dalai Lama nutzte diese Situation und erklärte 1913 Tibet mit britischer Unterstützung für unabhängig.
Auch in anderen Teilen des Reichs der Mitte regierten damals lokale Warlords. Demokraten, Nationalisten und dann auch Kommunisten proklamierten es als großes Ziel, die Einheit Chinas wiederherzustellen. So war es aus chinesischer Sicht folgerichtig, dass 1951 die Volksbefreiungsarmee auf dem Dach der Welt einmarschierte, um die Tibeter „vom britischen imperialistischen Joch zu befreien", so die offizielle Sichtweise.
Der 14. Dalai Lama, damals 15 Jahre alt, akzeptierte in einem „17-Punkte-Abkommen" die Rückkehr Tibets unter die chinesische Oberhoheit. Er schreibt in seiner Autobiografie, wie begeistert er von Mao war, den er mehrmals traf. Seine Meinung änderte er erst, als der Revolutionsführer ihm beim letzten Treffen sagte, Religion sei Gift. In der zweiten Hälfte der 50er Jahre kam es in Tibet zu Aufständen, die blutig niedergeschlagen wurden. 1959 floh der Dalai Lama nach Indien ins Exil. Da stand den Buddhisten das Schlimmste noch bevor – die Zerstörung Tausender Klöster während der Kulturrevolution.

ENDE EINER ÄRA
Nach Maos Tod 1976 wird seine Leiche konserviert. In der Partei ist der Weg frei für Reformer.

auf dem Land. In manchen Gegenden laufen Frauen nackt umher, weil es keine Kleidung mehr gibt. Sogar in Yan'an, Maos alter Hauptstadt aus Bürgerkriegszeiten, wimmelt es von Bettlern. Wenn ausländische Besucher das ehemalige Hauptquartier besuchen, werden die Obdachlosen regelmäßig in ihre Dörfer zurückgekarrt.

MAOS LETZTEM WILLEN FOLGEND WIRD ZUNÄCHST Hua Guofeng sein Nachfolger, ein farbloser Funktionär. Sein Programm nennt er „zwei Alle" – alles, was Mao entschieden habe, sei richtig gewesen; alles, was er gesagt habe, müsse weiter „unentwegt in die Tat umgesetzt" werden. Doch die meisten in der Partei begreifen: Nur eine Kehrtwende kann das Land aus der Krise führen. In die Wege leiten soll sie ein Mann, der nicht nur wegen seiner Körpergröße, gerade einmal 1,53 Meter, wie ein Gegenentwurf zum groß gewachsenen Mao erscheint: Deng Xiaoping.

Zwar ist Deng ein alter Kampfgefährte Maos, zwar hat er ihn auf dem „Langen Marsch" begleitet und nach der Hundert-Blumen-Kampagne selbst Intellektuelle ins Lager geschickt, doch Deng kennt, anders als Mao, auch das Leben außerhalb Chinas. Schon als 16-Jähriger hatte er in Frankreich als Monteur bei Renault gejobbt. In den fünf Jahren dort lernte er nicht nur Rotwein und Croissants zu schätzen, sondern auch die Vorzüge des kapitalistischen Systems.

Deng ist ein Quergeist. Schon beim „Großen Sprung" wollte er lieber auf traditionellem Weg die Wirtschaft aufbauen als radikale Visionen verkünden. Sein Motto: „Egal, ob eine Katze schwarz ist oder weiß, Hauptsache, sie fängt Mäuse."

1966 WURDE DENG, BIS DAHIN VIZEPREMIER, zum ersten Mal entmachtet und als Arbeiter in eine Traktorenfabrik geschickt. Im selben Jahr sperrten Rotgardisten seinen Sohn in ein radioaktiv verseuchtes Labor. Der konnte sich nur mit einem Sprung aus dem Fenster retten, ist seither querschnittsgelähmt. Erst 1971 durfte der Vater ihn zu sich nehmen; er pflegte ihn, wusch täglich seinen Körper.

Als Mao stirbt, ist Deng 72 Jahre alt und gerade wieder aller Funktionen enthoben worden. Doch die Krise beschert ihm das Comeback. 1977 wird er als Vizeregierungschef eingesetzt. Im Dezember 1978 dann wagt er den radikalen Umschwung: Man müsse „das Denken befreien, den Kopf anstrengen, die Wahrheit in den Tatsachen suchen und nach vorn blicken", beschließt das Zentralkomitee auf sein Drängen. Mit dieser Sitzung beginnt Chinas kapitalistischer Kommunismus. Sie jährt sich 2008 zum 30. Mal, das Jubiläum ist für die Volksrepublik neben Olympia in dem Jahr das große Ereignis.

QUERGEIST UND REFORMER

Deng Xiaoping zieht nach dem Tod Maos die Strippen. Offizieller Staatschef wird er nie, krempelt aber die Wirtschaft um.

Chinesisches Essen
Zum Schluss die Suppe

In China essen sie Hunde – denn die sollen die Manneskraft stärken und dem Körper Hitze geben. Auch Katzen werden gesotten und gebraten. „Drache, Phönix, Tiger“ heißt ein Eintopf aus Schlange, Huhn und Katzenpfoten. In der südlichen Provinz Kanton landen auch Käfer und Seegurken im Kochtopf. Und Nester von Mauerseglern. Sie werden in Höhlen geerntet (bis 1000 Dollar kann ein vielversprechendes Exemplar kosten), eingeweicht, mit der Pinzette von Federn und Halmen befreit, bis nur der Speichel bleibt, mit dem sie zementiert waren. Der wird zu einer gallertartigen Suppe verkocht. Aus Kanton kommt auch Dim sum: im Bambuskörbchen servierte Garnelenknödelchen, Reisbällchen oder Mini-Frühlingsrollen.

Sichuan ist die heißeste Provinz in China, ihre Küche zeichnet sich durch Schärfe aus, denn Schärfe fördert das Schwitzen, und Schweiß kühlt den Körper. Auch in Hunan wird würzig gekocht. Mao, der aus der Provinz stammte, war der Meinung: Je mehr Chili ein Mann isst, desto revolutionärer werden seine Gedanken. Nördlich des Qin-Ling-Gebirges wurden schon zur Han-Zeit Weizen und Hirse angebaut. Hier sind Mehlspeisen beliebt. Allen voran Jiaozi, eine Art chinesische Ravioli, gefüllt mit Schweinehack, Pilzen oder Krabben.

Froschschenkel mit viel Chili aus Chongqing

Aus Peking kommt die gleichnamige Ente, ein jahrhundertealtes Rezept. Die geröstete Haut wird bei Tisch mit Lauchzwiebeln in Pfannkuchen gewickelt, dann in süße Sauce getunkt. Die Innere Mongolei liebt den Feuertopf: Fondue à la chinoise. Zartes Gemüse und hauchdünnes Lammfleisch in kleinen Drahtkörbchen, gegart in siedendem Wasser. Am Ende wird die gehaltvolle Brühe geschlürft. So wird überall in China bei einem Festmahl als letzter Gang Suppe gereicht. Sie soll jeglichen Hohlraum, das kleinste Magenfältchen füllen.
Zum Essen trinkt man grünen Tee und Bier und davon reichlich – beim Trinkspruch „Gan bei“ (das Glas trocknen) gleich ex.

Deng wagt bis dato Undenkbares. Das Land, das den Volkskommunen gehört, bewirtschaften die Bauern nun auf eigene Rechnung. In vier Sonderwirtschaftszonen dürfen ausländische Unternehmen investieren, später im ganzen Reich. Mit Margaret Thatcher vereinbart er die Rückkehr Hongkongs zu China, wobei die Stadt mindestens 50 Jahre kapitalistisch bleiben soll. Deng nennt das: „Ein Land – zwei Systeme". Er schickt sogar einen Brief an Taiwans Präsidenten Chiang Ching-kuo, den Sohn des Bürgerkriegsfeinds Chiang Kai-shek: „An die Freundschaft in der Kindheit zurückdenkend, sollten wir die Vergangenheit vergangen sein lassen und uns kurz entschlossen für Friedensverhandlungen entscheiden."

OFFIZIELLER STAATSCHEF IST DENG NIE. Er zieht es vor, hinter den Kulissen die Fäden zu ziehen. Seine Posten sind meist nebenrangig, zuletzt ist er nur noch „Ehrenvoller Vorsitzender der chinesischen Bridge-Vereinigung". Die Zeitungen wissen nicht, wie sie ihn nennen sollen, und behelfen sich mit „oberster Führer". Doch keiner zweifelt daran, dass Deng Xiaoping der Chef im Lande ist.

So liberal sich der oberste Führer in der Wirtschaft zeigt, so brutal geht er gegen alle vor, die den Machtanspruch der Partei infrage stellen. Schon 1979 lässt er Dissidenten verhaften. Ebenso 1986, als Studenten erstmals zu Tausenden protestieren und Demokratie fordern. Es sind aber die Ereignisse des Frühsommers 1989, die sein janusköpfiges Wesen in der Geschichte festschreiben.

Die Vorgeschichte reicht zwei Jahre zurück. Auf Betreiben Dengs war Hu Yaobang 1987 als Parteichef abgesetzt worden. Er hatte sich für politische Reformen stark gemacht, den Bruder des Dalai Lama getroffen und sogar gefordert, Chinesen sollten mit Messer und Gabel statt mit Stäbchen essen. Der Rauswurf machte Hu zum Helden der Studenten. Als er im April 1989 stirbt, versammeln sich Tausende auf dem Platz des Himmlischen Friedens.

Die spontane Trauerkundgebung wird zum Protest. Studenten beginnen, auf dem Platz zu kampieren. Am 17. Mai sind es mehr als eine

Million. Bauern verteilen Reis an die Studenten, Straßenverkäufer schenken kostenlos Getränke aus. Einige bauen aus Gips und Styropor eine neun Meter hohe Freiheitsstatue, andere treten in den Hungerstreik. Und die Rebellion weitet sich aus: In mehr als 400 Städten kommt es zu Demonstrationen gegen das autoritäre System.

Der kurze Frühling endet in den frühen Morgenstunden des 4. Juni 1989. Die Straßenlampen auf dem Platz werden ausgeschaltet, und Truppen rücken vor. Dann eröffnen die Soldaten das Feuer. Es ist ein Blutbad. Panzer zermalmen die Zelte und die Freiheitsstatue. Um die Welt geht das Bild eines Mannes mit Plastiktüte in der Hand, der sich den Panzern in den Weg stellt. Verzweifelt ruft er: „Warum seid ihr hier? Ihr habt nichts anderes getan, als Unglück über uns zu bringen."

Die Panzer fahren um ihn herum, doch das ist die Ausnahme. Hunderte sterben, erschossen von den Soldaten der Volksbefreiungsarmee. „Als die Panzer weg waren, blie-

SYMBOL DES PROTESTS
Ein Mann stellt sich 1989 auf dem Platz des Himmlischen Friedens Panzern in den Weg.

BLUTIGES ENDE

Hunderte sterben, als die Partei die Studentenproteste niederschlagen lässt.

ben nur Tote zurück. Dann kamen Soldaten, um die Leichen mit Benzin zu verbrennen“, berichtet eine Studentin. „Ich selbst habe gesehen, wie Polizisten in einen Krankenwagen gestürmt sind, um alle Verletzten darin zu erschießen.“

Mit den Studenten stirbt in diesen Morgenstunden auch die Hoffnung auf Demokratie.

DIE GROSSE UNBEKANNTE
32 Millionen Menschen wohnen in Chongqing am Jangtse-Fluss. Die Stadt hat die Ausdehnung von Österreich. Im eigentlichen Kern, dessen Skyline an Manhatten erinnert, leben etwa 4,3 Millionen Menschen. Das Wasser drum herum ist gelb von Sand und Lehm aus dem Gebirge – und 800 Millionen Tonnen Industrieabwässern.

Die Wirtschafts-macht

Wohlstand ja, Demokratie nein. Das ist die Losung des Politbüros nach der Niederschlagung der Studentenunruhen von 1998. Theoretisch gilt noch immer die Lehre Maos, praktisch wird aus dem Riesenreich ein kapitalistischer Drache unter Führung der kommunistischen Partei. Wie lange hält der Spagat?

Peking, im Juni 1989. Der Frühling des Aufbruchs ist vorbei, der Sommer bringt die Repression. An den Wänden der Stadt kleben die Steckbriefe der Studentenführer vom Platz des Himmlischen Friedens, unabhängige Gewerkschaften werden aufgelöst, selbst Arbeiter, die westlichen TV-Sendern Interviews gaben, werden verhaftet. In Schnellverfahren verurteilen Gerichte Tausende vermeintlicher Konterrevolutionäre, Dutzende werden hingerichtet. Die Partei kämpft um die Macht, mit allen Mitteln.

DOCH DENG XIAOPING IST BESCHÄDIGT — trotz seiner harten Linie. Nur selten tritt der kleingewachsene und doch allmächtige Führer in den Monaten nach der Niederschlagung der Unruhen in der Öffentlichkeit auf. Und immer lauter warnen die alten Kader vor dem „Ausbreiten des Kapitalismus" in Städten wie Shanghai und der Wirtschafts-Sonderzone Shenzhen nahe Hongkong. Dort dürfen auch ausländische Unternehmer investieren.

Dann aber holt Deng zu einem neuen Schlag aus. Im Januar 1992 unternimmt er eine „Reise in den Süden"–

DENG AUF ALLEN KANÄLEN

In Sondersendungen verkündet das chinesische Fernsehen den Tod Deng Xiaopings.

ausgerechnet in die verrufenen Städte Shenzhen und Zhuhai. Wie zu Kaisers Zeiten erhöhen Dengs Lakaien den angeblich privaten Urlaub zum Mythos. Selbst beiläufigen Bemerkungen des inzwischen 87-Jährigen, der formell ein einfacher Pensionär ist, wird tiefe Bedeutung zugesprochen. Sagt Deng: „Jetzt, da ich hier in Shenzhen bin, kann ich nicht einfach hier sitzen und warten. Ich will sofort nach draußen gehen", werden daraus Losungen wie: „Sei mutig, geh schneller!" Das soll bedeuten: Die Marktwirtschaft rasanter entwickeln, noch mehr ausländisches Kapital ins Land holen – und damit auch ausländische Kultur.

Konfuzianische Unterwürfigkeit mischt sich mit kommunistischer Verschwörungsangst. Am 19. Februar 1997 kündigen Radiostationen und Lautsprecherdurchsagen landesweit an, nach Mitternacht werde im Fernsehen eine „wichtige Mitteilung" verlesen. Die Staatsspitze fürchtet, der Schock über die Nachricht könne zu groß sein und Unruhen auslösen, wenn sie tagsüber verkündet würde. Doch jeder weiß, was der bizarre Programmhinweis bedeutet: Deng Xiaoping ist tot.

OBWOHL ER SICH SCHON LANGE AUS ALLEN ÄMTERN zurückgezogen hatte, ist er bis zu seinem Tod die letzte Instanz geblieben. Ein Herrscher auf Lebenszeit, wie Mao, wie die Kaiser des alten China. Obwohl Deng einst selbst gefordert hatte, Staatslenker sollten ihre Macht aufgeben, wenn sie ein hohes Alter erreichen. Oder in seiner eigenen, bildhaften Sprache: „Leute, die den Lokus besetzt halten, ohne zu scheißen, sollten ihn räumen." Ein Gedanke, der allerdings erst nach seinem Tod in die Tat umgesetzt wird.

Die Volksrepublik China wird jetzt erstmals von einem Mann geführt, der den „Langen Marsch" nur aus Geschichtsbüchern kennt und bei der kommunistischen Machtübernahme 1949 keine aktive Rolle spielte: Jiang Zemin. Später behauptet er, er habe sich schon als Student 1947 der Kommunistischen Partei angeschlossen, doch das ist weder durch Augenzeugen noch durch Dokumente belegt. Sicher ist nur, dass

NOMADEN DER ARBEIT

Etwa 150 Millionen Wanderarbeiter, meist ehemalige Bauern, ziehen durchs Land. In den Städten hausen sie häufig unter erbärmlichen Bedinungen.

der Elektroingenieur während der 1950er Jahre in den Stalin-Automobil-Werken in Moskau ausgebildet wurde und dann in den „First Automobile Works“ der nordostchinesischen Stadt Changchun arbeitete, heute ein Joint-Venture-Partner von VW. Jiang wird Fabrikdirektor, später Minister für Elektroindustrie, immer eher Verwalter als Visionär.

DAS SPIEGELT AUCH SEIN ÄUSSERES WIDER: Statt revolutionärem Kittel und Soldatenkäppi, Anzug, Krawatte und Hornbrille. Seine Versuche, originell zu erscheinen, wirken gezwungen, etwa wenn er vor Staatsgästen aus der Bundesrepublik Goethe-Gedichte auswendig auf Deutsch aufsagt.

Nach dem Massaker auf dem Platz des Himmlischen Friedens rückt Jiang an die Parteispitze, er ist ein Kompromisskandidat von Dengs Gnaden. Der bisherige Amtsinhaber Zhao Ziyang muss abtreten und wird bis zu seinem Tod unter Hausarrest gestellt, weil er sich mit Tränen in den Augen bei den demonstrierenden Studenten entschuldigt hatte. Jiang hingegen, KP-Boss der Stadt Shanghai, hatte dort erfolgreich Unruhen unterdrückt und gleichzeitig die Wirtschaft in Fahrt gebracht.

Beides zählt im neuen China. Nun wird der treue Funktionär in die Hauptstadt geholt.

Loyalität zeichnet auch einen anderen jungen Apparatschik aus, dem immer mehr Macht zufällt: Hu Jintao. Schon 1992, vor seinem 50. Geburtstag, wurde Hu in den damals siebenköpfigen Ständigen Ausschuss des Politbüros berufen, die Machtzentrale des Landes. Auch er ist ein gelernter Ingenieur. Er hat die kommunistische Jugendliga angeführt und als Parteichef mit brutaler Hand auf Proteste von Tibet reagiert. 2002 übernimmt er von Jiang die Parteiführung und schließlich 2003 auch das Präsidentenamt.

Vorsichtig versucht Hu, neue Akzente zu setzen: Baute Jiang vor allem auf Wirtschaftswachstum, fürchtet Hu, China könne am wachsenden Gegensatz von Arm und Reich zerbrechen. Am häufigsten gebraucht er in seinen stets abgelesenen Reden das Wort „Harmonie". Er gibt Wanderarbeitern mehr Rechte und führt strengere Umweltvorschriften ein. Doch in seiner Angst verschärft er gleichzeitig die Zensur der Medien.

Sowohl Jiang als auch Hu sehen sich in einer Reihe mit Mao und Deng. Um ebenfalls als Vordenker in die Geschichte einzugehen, stellen sie obskure Theorien auf. Bei Jiang sind es die „Drei Vertretungen", eine pseudowissenschaftliche Erklärung, nach der auch Kapitalisten der Kommunistischen Partei beitreten dürfen (die Partei vertrete jetzt Arbeiter, Bauern und eben auch

APPARATSCHIK ALS PRÄSIDENT

Hu Jintao setzt die wirtschaftliche Öffnung fort, mehr Demokratie wagt er nicht.

Unternehmer). Hus Vermächtnis sind die „Acht Ehren und acht Schanden“, ein moralischer Appell gegen die um sich greifende Korruption. Doch während die Sprüche aus der Mao-Bibel einst als Gottes Wort galten, machen sich die Chinesen von heute lustig über die Politbürokraten und ihre philosophischen Gehversuche.

Und doch, so paradox es scheint: Unter den farblosen Führern Jiang und Hu verändert sich China stärker als in den Jahrzehnten zuvor. Beide beschränken die Ideologie auf Festtagsreden. Und beide verwandeln die Kommunistische Partei in eine Eliteorganisation von Technokraten, die China mit den Mitteln des Marktes voranbringen will.

Seit Jahren wächst die Wirtschaft mindestens um acht Prozent. Mittlerweile hat China „zehnmal so viele Forscher und Ingenieure wie wir mit vergleichbarer Ausbildungsqualität", sagt etwa Thomas Schiller vom amerikanischen Beratungsunternehmen Arthur D. Little. Chinesen übernehmen Maschinenbau-Werke in Deutschland und kaufen die PC-Sparte von IBM in den USA.

DAS ALLES IST INDES WENIGER EIN VERDIENST DES ENGAGEMENTS der Partei in der Wirtschaft – als das Ergebnis ihres Rückzugs daraus. Über Jahrhunderte war China die führende Kulturnation der Welt. Nun werden die Kräfte des Landes wieder entfesselt. Und während die Globalisierung bei vielen in Europa Angst auslöst, liefern arbeitswillige und flexible Chinesen, was die Welt braucht: T-Shirts, Kinderwagen und Kameras, aber auch zunehmend komplexe High-tech-Produkte wie Computer und Industrieanlagen.

Der Westen stürzt sich auf die Billigprodukte und prangert gleichzeitig die Ausbeutung und die Verletzung von Menschenrechten in China an. Dabei wird oft übersehen: Millionen Chinesen haben heute nicht nur größeren Wohlstand, sondern auch mehr Freiheit als jemals zuvor in ihrer Geschichte.

FRÜHSCHICHT IN DER ZERLEGE-BATTERIE

11 000 Arbeiter portionieren in einer Hühner-Verarbeitungsfabrik in Dehui täglich 375 000 Tiere. Das Werk liegt in einer der ärmsten Gegenden Chinas, nicht weit von der Grenze zu Russland und Nordkorea.

Das Abschlussfeuerwerk über dem „Vogelnest": perfekt inszeniert wie die gesamten Spiele.

Olympia in Peking– ***Die Party und die Partei***

Wir sind wieder wer! Bei den Olympischen Spielen 2008 in Peking sollte das die ganze Welt sehen. Dafür scheute China weder Mühen noch Aufwand. 40 Milliarden US-Dollar kostete der Spaß, dreieinhalbmal so viel wie die vorherigen Wettkämpfe in Athen, die bis dahin teuersten. Die Inszenierung war perfekt, und China feierte seine über 50 Goldmedaillen. Doch nach der Party erkrankten Zehntausende Babys an vergiftetem Milchpulver. Eine der Ursachen: Die Menschen waren wegen Olympia nicht rechtzeitig gewarnt worden. Die Propaganda-Abteilung der Kommunistischen Partei, die alle Medien kontrolliert, zwang die Journalisten zum Schweigen über Missstände aller Art, um die gute Laune nicht zu verderben. In der 21-Punkte-Regelung über Tabus während der Spiele hieß es unter anderem: „Berichte über Probleme der Lebensmittelsicherheit wie etwa krebserzeugendes Mineralwasser sind nicht gestattet." Nicht gedacht werden durfte auch 44 Dorfbewohnern in der Provinz Shanxi, die kurz vor Olympia bei einem Erdrutsch starben, ausgelöst durch Pfusch in einem Bergwerk.

Die Chinesen, die sich noch kurz zuvor für das Olympiaspektakel begeistert hatten, gerieten nun in Panik. Weinende Mütter fragten: Wem können wir vertrauen? Warum garantieren wir sauberes Essen für die Athleten, aber wissen nicht mehr, wie wir unsere Kinder ernähren sollen? Warum gelingen uns gigantische Bauten wie das Vogelnest? Doch bei Erdbeben stürzen unsere Schulen zusammen wie Bauklötze! Warum schaffen wir mit rigiden Fahrverboten einen blauen Himmel für die Gäste aus aller Welt? Aber sobald die weg sind, atmen wir wieder vergiftete Luft.

War es rückblickend ein Fehler, die Spiele nach China zu geben? „Nein, es macht keinen Sinn, ein Volk von 1,3 Milliarden Menschen zu isolieren", sagt sogar der Künstler Ai Weiwei, einer der bekanntesten Olympia-Kritiker. „Wir brauchen den Dialog mit dem Westen für unsere Entwicklung."

Ein Boykott hätte nur den Hardlinern in der KP-Führung genutzt, sie hätten behauptet, die Welt verübele China seinen Wiederaufstieg. Auch so nutzten sie die Spiele für ihre Propaganda, wie erwartet. Niemand konnte ernsthaft glauben, die Partei werde wegen eines Sportereignisses ihre Macht aufgeben. Aber immer mehr Chinesen hinterfragen sie. Etwa Lian Yue, mit 15 Millionen Klicks einer der populärsten Blogger. Er schrieb nach Olympia und dem Milchskandal: „Schützen kann uns nur ein System, in dem wir frei sprechen und unsere Regierung abwählen können, starke und unabhängige Medien haben und frei demonstrieren dürfen."

Olympia sollte zeigen: China ist ein modernes Land geworden. Doch Modernität misst sich nicht allein in Großflughäfen und glitzernden Fassaden, sondern auch in Demokratie und Transparenz. Am Ende der Spiele sagte Jacques Rogge, Präsident des Internationalen Olympischen Komitees: „Die Welt hat mehr über China erfahren." Mehr über seine Stärken. Aber auch mehr über seine Schwächen.

Demonstranten wurden auch während Olympia abgeführt und verhaftet.

30-Jährige, die noch in Häusern ohne elektrisches Licht oder Fernseher aufwuchsen, kommunizieren jetzt per SMS und Instant Messenger. Auf DVD sehen sie Spielfilme vom „Letzten Tango in Paris“ bis zu „Good Bye, Lenin“ – wenn auch meist in Raubkopie. Während Maos Untertanen ohne Erlaubnis nicht einmal ihr Dorf verlassen durften, ziehen ihre Nachfahren als Wanderarbeiter nach Peking oder Shanghai, die Oberklasse fährt im Urlaub nach Neuschwanstein und schickt ihre Kinder zum Studium nach Harvard. Früher musste die Arbeitseinheit Eheschließungen genehmigen; wer fremdging, konnte ins Straflager verbannt werden – heute schreiben junge Chinesinnen Blogs über ihre One-Night-Stands.

ALL DAS MACHT DER PARTEI ANGST. Denn wer seinen Wohnort, seinen Partner, seine Handy-Marke wählen kann, will sich nicht auf Dauer eine Regierung vorsetzen lassen, auf die er keinen Einfluss hat.

Und langsam beginnt die Macht der Partei tatsächlich zu erodieren. In den Statistiken der Volksrepublik haben sich die sogenannten „Vorfälle mit Massencharakter“ innerhalb von 15 Jahren verzehnfacht. Damit ist nichts anderes gemeint als Unruhen.

Vor allem das 1951 annektierte Tibet gleicht einem Pulverfass. Im März 2008 kommt es schließlich zur Explosion: Junge Tibeter attackieren Han-Chinesen und Muslime, zünden deren Geschäfte an. Manche der Opfer verbrennen bei lebendigem Leib. Die Regierung spricht von 22 Toten, vor allem Chinesen, die vom tibetischen Mob ermordet worden seien. Die tibetische Exilregierung erklärt, mindestens 140 Menschen seien ums Leben gekommen, die meisten von ihnen Tibeter, erschossen von der Polizei. Keine unabhängige Instanz kann die Angaben prüfen, denn Chinas Führer lassen ausländische Journalisten nicht frei durch Tibet reisen. Abermals wird ihre Entscheidung von Angst bestimmt.

Als nur zwei Monate später in Sichuan die Erde bebt, ordnet die Führung zunächst an, nur die offizielle Nachrichtenagentur Xinhua dürfe über die Naturkatastrophe berichten. Doch da sind Zeitungsreporter und Blogger bereits unterwegs ins Krisengebiet. Schließlich lässt

AM HIMMEL DER MEERESGRUND

In der Decke eines Pekinger Einkaufszentrums leuchtet einer der größten Flachbildschirme der Welt: 250 Meter lang und 30 Meter breit.

die Regierung die Beschränkungen fallen. Ungewohnt offen berichten chinesische wie ausländische Medien daraufhin über die Zehntausende von Toten, die Zerstörungen – und erzeugen für kurze Zeit eine Welle der Solidarität nicht nur in China selbst, sondern auch im Westen. Selbst Staatschef Hu Jintao zeigt sich mit Opfern.

Die Schonfrist währt allerdings nicht lange. Selbst lokale Vorfälle weiten sich aus zu regionalen Klein-Aufständen gegen korrupte Parteifunktionäre. Wie Ende Juni 2008 in Wengan, einem Kreis der südchinesischen Provinz Guizhou. Im Fluss wird die Leiche der 15-jährigen Li Shufen gefunden. Sie hat sich das Leben genommen, behauptet die Polizei. Sie wurde vergewaltigt und ermordet, sagen die Eltern. Angehörige von Kadern seien die Täter. 30 000 aufgebrachte Bürger stürmen Partei-, Regierungs- und Polizeigebäude, setzen 150 von ihnen in Brand und stürzen 40 Polizeiwagen um. Eliteeinheiten gehen mit aller Härte gegen die Demonstranten vor und nehmen 300 von ihnen fest, darunter

30 Schüler. Wer im Todesfall des Mädchens wirklich Recht hat, ist schwer zu sagen. Sicher aber ist: Die Menschen haben so viel Korruption und Amtsmissbrauch erlebt, dass sie nichts mehr glauben. So ist die Despotie der lokalen Kader eine der größten Gefahren für die Herrschaft der Partei, weit mehr als alle Kritik des Westens.

Denn je undifferenzierter man in Europa oder Amerika China an den Pranger stellt, desto mehr schließt sich das Milliardenvolk zusammen. Für die Idee einer Unabhängigkeit Tibets etwa haben die meisten Chinesen so viel Verständnis wie Franzosen für das Abtreten des Elsass an Deutschland. Selbst in Berlin und San Francisco gehen Auslandschinesen auf die Straße gegen die aus ihrer Sicht einseitige Berichterstattung und entrüsten sich über das mangelnde Mitgefühl für die chinesischen Opfer des Tibet-Aufstands. Schlecht recherchierte Berichte auf Websites und im Fernsehen, die prügelnde Beamte aus Nepal als „chinesische Polizei“ bezeichnen, erwecken vor allem bei Jugendlichen den

Wirtschaftswunder unter dem Diktat der Partei

Der aufgebahrte Deng Xiaoping

IN CHINA

1990	1992	1993	1996	1997
Ausnahmezustand in Tibet wird aufgehoben	Deng Xiaoping reist in den Süden und bekennt sich damit zu weiteren Wirtschaftsreformen	Jiang Zemin wird Staatspräsident	Russland verabredet mit China „strategische Partnerschaft“	Rückgabe der englischen Kronkolonie Hongkong an China / Tod Deng Xiaopings

ÜBRIGE WELT

1991	1994	1995	1997	1998
Die Sowjetunion löst sich auf	Ende der Apartheid in Südafrika	Bürgerkrieg zwischen Hutus und Tutsis in Ruanda mit über einer Million Toten	Lewinsky-Affäre: US-Präsident Clinton unter Druck wegen einer sexuellen Beziehung zur Praktikantin Monica Lewinsky	Erstmals rot-grüne Bundesregierung in Deutschland

Eindruck: Die Welt hat sich gegen China verschworen, weil es seine alte Stärke zurückgewinnt.

Für die Partei ist der neu erwachte Nationalismus die vielleicht letzte Chance, ihre Macht zu erhalten – an den Kommunismus glaubt ohnehin keiner mehr. Die meisten jungen Chinesen träumen nicht vom Sozialismus, sondern von iPod, Auto und Eigentumswohnung. Chinesen können sich heute gefahrlos im Restaurant über die Politik der Kommunistischen Partei unterhalten – eine eigene Pertei zu gründen bleibt ihnen verboten. Solange das Regime ihnen wachsenden Wohlstand bietet, stört das nur wenige.

Die Frage aber bleibt: Wie lange noch?

Unruhen in Lhasa

1998
Erste Direktwahlen auf Gemeindeebene in der Provinz Sichuan

1999
Nato bombardiert versehentlich chinesische Botschaft in Belgrad

2001
Peking erhält den Zuschlag für die Olympischen Spiele 2008

2003
Hu Jintao wird Staatspräsident, Wen Jibao Ministerpräsident

2008
Aufstand der Tibeter gegen chinesische Unterdrückung / Olympia in Peking

1999
Mit Polen, Ungarn und Tschechien werden die ersten ehemaligen Ostblock-Staaten Nato-Mitglieder

2000
Boom von Internet-Firmen und der New Economy

2001
Anschläge auf die Türme des World Trade Centers

2003
Beginn des Irak-Kriegs

2007
UN-Klimarat warnt vor den dramatischen Folgen der Erderwärmung

2008
Finanzkriese erschüttert Weltwirtschaft

Die Autoren

Adrian Geiges

Adrian Geiges, Jahrgang 1960, hat fünf Bücher veröffentlicht und als Auslandskorrespondent für Spiegel TV und den *stern* in Moskau, Hongkong, New York und Peking gearbeitet. Er lebte zehn Jahre lang in China, spricht fließend Chinesisch und ist mit einer Chinesin verheiratet. Sie haben zwei zweisprachig aufwachsende Kinder.

Marc Goergen

Marc Goergen, Jahrgang 1976, studierte Geschichte und Politikwissenschaft in Heidelberg und Paris und besuchte die Henri-Nannen-Journalistenschule in Hamburg. Seit 2005 ist er im Auslandsressort des *stern*. Neben seiner Arbeit im Ausland beschäftigen ihn auch immer wieder historische Themen. 2007 veröffentlichte er gemeinsam mit Teja Fiedler das *stern*-Buch „Die Geschichte der Deutschen", ebenfalls bei dtv.

Bettina Sengling

Bettina Sengling, geboren 1968, studierte Slawistik und Geschichte in Erlangen und Frankfurt und besuchte die Henri-Nannen-Journalistenschule in Hamburg. Von 1995 bis 2003 war sie *stern*-Korrespondentin in Moskau, seither arbeitet sie als Redakteurin im Auslandsressort des *stern*. Zusammen mit Johannes Voswinkel veröffentlichte sie das Sachbuch „Die Kursk" über den Untergang des gleichnamigen russischen U-Bootes.

Bildnachweis

action press S. 156/157
akg images S. 32, 42, 54, 60/61, 62, 77, 88, 91, 93 rechts, 95, 97, 102, 110, 113, 124, 130/131, 134, 143 unten, 150, 152, 168, 170 oben
AP S. 76, 126, 138
bpk S. 23 oben, 49 links,
Bridgeman Art S. 14/15, 18, 21, 40, 64, 66, 100/101
Chinaphotopress S. 34
Corbis S. 27, 49 rechts, 87, 117 links, 146/147, 169, 177
dpa picture alliance S. 23 unten70, 99, 106, 123, 132, 162, 164, 173, 188/189
Focus/Magnum S. 184
Das Fotoarchiv S. 187
Getty images S. 57, 69 links, 89, 96, 104, 153, 154, 195
Interfoto S. 38/39, 93 links, 122, 163
laif S. 69 rechts, 82, 178, 186
National Palace Museum Taipeh S. 80
Sinopictures S. 79
SV-Bilderdienst/ Rue des Archives S. 47 48, 117 rechts, 118, 120, 143 oben, 144, 145, 165, 166 oben
ullstein bild S. 24/25, 33, 49 Mitte, 53, 68, 81, 84/85, 103, 108/109, 116, 121, 128, 136, 142, 148, 158, 160/161, 166 unten, 170 unten, 174, 180, 181, 191, 193, 194

Personenregister

Aktuelle Themen im dtv

Timothy Garton Ash
Freie Welt
Europa, Amerika und die Chance der Krise
Übers. v. S. Hornfeck und H. G. Holl
ISBN 978-3-423-**34322**-0

Olaf Baale, Werner Bergholz
Das deutsche Führungsproblem
Kompendium der Arbeitsfreude in Staat und Wirtschaft
ISBN 978-3-423-**24480**-0

Abbau Ost
Lügen, Vorurteile und sozialistische Schulden
ISBN 978-3-423-**34468**-5

Alexander Bahar
Folter im 21. Jahrhundert
Auf dem Weg in ein neues Mittelalter?
ISBN 978-3-423-**24713**-9

Benjamin R. Barber
Imperium der Angst
Die USA und die Neuordnung der Welt
Übers. v. K. H. Siber
ISBN 978-3-423-**34438**-8

Christian Berg
Manuel J. Hartung
Welt retten für Einsteiger
30 Gründe für ein gutes Gewissen
ISBN 978-3-423-**24649**-1

Wolfgang Blau
Alysa Selene
German Dream
Visionen für Deutschland
ISBN 978-3-423-**24646**-0

Vincent Bugliosi
Anklage wegen Mordes gegen George W. Bush
Übers. v. H. Dierlamm, N. Juraschitz, W. Roller
ISBN 978-3-423-**24714**-6

Colin J. Campbell
Ölwechsel!
Das Ende des Erdölzeitalters und die Weichenstellung für die Zukunft
Übers. v. H. Roth
ISBN 978-3-423-**34389**-3

Jim Collins
Der Weg zu den Besten
Die sieben Management-Prinzipien für dauerhaften Unternehmenserfolg
Übers. v. M. Baltes und F. Böhler
ISBN 978-3-423-**34039**-7

Joseph Croitoru
Der Märtyrer als Waffe
Die historischen Wurzeln des Selbstmordattentats
ISBN 978-3-423-**34326**-8

Aktuelle Themen im dtv

Irshad Manji
Der Aufbruch
Plädoyer für einen aufgeklärten Islam
Übers. v. S. Aeckerle
ISBN 978-3-423-**34193**-6

Paul Nolte
Riskante Moderne
Die Deutschen und der neue Kapitalismus
ISBN 978-3-423-**34440**-1

Nikolaus Nützel
Gesundheitspolitik ohne Rezept
Warum Deutschlands Medizinbetrieb so schwer zu kurieren ist
ISBN 978-3-423-**24614**-9

Katrin Rohnstock, Ralf Pasch
Mein Leben im Schatten der Blutrache
Die Geschichte der Gülnaz Beyaz
ISBN 978-3-423-**34480**-7

Roberto Saviano
Gomorrha
Reise in das Reich der Camorra
Übers. v. F. Hausmann und R. Seuß
ISBN 978-3-423-**34529**-3

Volker Seitz
Afrika wird armregiert oder Wie man Afrika wirklich helfen kann
Mit einem Vorwort von Rupert Neudeck
ISBN 978-3-423-**24735**-1

Kurt Seinitz
Vorsicht China!
Wie das Reich der Mitte unser Leben verändert
ISBN 978-3-423-**34466**-1

Daniel Friedrich Sturm
Wohin geht die SPD?
ISBN 978-3-423-**24709**-2

Berndt-Georg Thamm
Der Dschihad in Asien
Die islamistische Gefahr in Russland und China
ISBN 978-3-423-**24652**-1

Frederic Vester
Phänomen Streß
Wo liegt sein Ursprung, warum ist er lebenswichtig, wodurch ist er entartet?
ISBN 978-3-423-**33044**-2

Wolf Wagner
Wie Politik funktioniert
ISBN 978-3-423-**34163**-9